Son poco
poche si ;
del cha y la noche
Toilo puede ser interpret
sobe uno puele con
~~___~~ . unos pensam

MW00941339

¡FUEGO SANADOR!

Terapia de la Noche Oscura Espiritual

Para Maritza:

Rafael A. Abreu

A Juan de la Cruz:
Padre, amigo, confidente, guía;
terapeuta de profundidades.

ÍNDICE

SIGLAS Y ABREVIATURAS

OBRAS DE SAN JUAN DE LA CRUZ:

C = Cántico Espiritual.

CA = Cántico Espiritual. Primera Redacción.

CB = Cántico Espiritual. Segunda Redacción.

(Cuando se cita sólo con la "C" debe entenderse que se trata de la segunda redacción).

D = Dichos de Luz y Amor.

Ep = Epistolario, Cartas.

L = Llama de Amor Viva.

LA = Llama de Amor Viva. Primera Redacción.

LB = Llama de Amor Viva. Segunda Redacción.

(Cuando se cita sólo con la "L" debe entenderse que se trata de la segunda redacción.

N = Noche Oscura.

(Ejemplo: 1N 3, 5 = El primer número (1) indica el libro; el siguiente (3), el capítulo; y el tercero (5), el párrafo.

P = Poesía.

S = Subida del Monte Carmelo.

(Ejemplo: 1S 3, 5 = El mismo sistema que en Noche Oscura: libro, capítulo, párrafo).

INTRODUCCIÓN

Después de "Nombrar para Sanar" y "Sanar lo Nombrado", te entrego "¡Fuego Sanador! Terapia de la Noche Oscura Espiritual". Libro inscripto, plenamente, en nuestra propuesta de Sanación Interior.

Ya has nombrado, identificado, reconocido y aceptado tus heridas interiores; has comenzado a trabajarlas a la luz de la propuesta que te he hecho en "Sanar lo Nombrado" y en la "Novena de Sanación Interior a Santa Teresita del Niño Jesús". ¿Ahora, qué sigue? Ahora sigue lo profundo. Iremos más allá. Iremos a la raíz de las heridas más profundas. Lo haremos de la mano de un experto: Juan de la Cruz.

Juan de la Cruz es un terapeuta de profundidades. Juan, a través de la "noche oscura", nos guía hacia la plena luz del "mediodía". Ante todo, él es un testigo, alguien que ha vivido, experimentado y palpado. Es un hombre empapado y untado hasta lo más profundo de su ser de aquello que propone. ¡Es un mensaje viviente!

La experiencia le brota en sentidas y exquisitas poesías. No por casualidad fue declarado, en 1993, patrono de los poetas españoles. Su famoso *Cántico espiritual* (obra poética que consta de 40 estrofas) es reconocido por muchos expertos como la máxima expresión poética del español de todos los tiempos. Posteriormente escribe prosas. No por preferencias o deseos personales, sino por peticiones y necesidad pastoral.

Juan es un hombre polifacético: lo mismo ora que escribe poesía, acompaña espiritualmente y trabaja en la construcción de conventos. Sus manos lo mismo sostienen una pluma que una tosca piedra.

En su trabajo con las personas, Juan es fundamentalmente un *mistagogo*.[1] Un hombre de experiencia de Dios que sabe guiar hacia el Dios de la experiencia. Juan no presenta su experiencia. ¡Nos presenta a su Dios!

Juan de la Cruz es experto en la terapia de la "noche oscura". Es una terapia teologal: su fuente fundamental es Dios. Dios es el terapeuta de la *noche*. Dios es luz. La "luz" nos sana en la "noche". ¡Nos deslumbra! Nos lleva más allá de donde jamás hemos estado o pensado estar. Juan conoció esta terapia de primera mano. Él mismo fue "curado"

---

[1] "Mistagogo" significa que tiene experiencia del misterio de Dios y acompaña a quien desea hacer esa experiencia. El mistagogo no da fórmulas para llegar a la experiencia de Dios, sino que simplemente indica el camino hacia el Dios de la experiencia. Pone en contacto al acompañado con Dios. En la introducción general a las obras completas de san Juan de la Cruz, EDE, quinta edición, 1993, se lee: *"El arte del mistagogo consiste en saber transmitir, no la propia experiencia, sino gracias a la propia experiencia, el misterio de Dios personal y gratuito, que se revela libremente a quien le busca"* (p. 25).

hasta la raíz más profunda de su ser a través de la *noche*.

Allí donde la raíz de las heridas interiores es muy profunda, será necesaria la *noche*. Sólo la *noche* podrá ser remedio eficaz. La *noche* es disfraz del *Amado*. A todo enamorado, usualmente, le encanta el misterio y embrujo de la noche. ¡También a Dios! Por eso nos ama en la *noche*. Nos sana en la *noche*.

En unos pocos años, he viajado mucho. Allí donde he estado, siempre he hablado de la "noche oscura". El impacto, resonancia, frescor, claridad y aliento que este tema despierta en las personas es impresionante.

En un lugar, una persona pensaba que ya estaba condenada, a las puertas del infierno, y resulta que no: simplemente estaba en *noche*. Aquella otra, pensaba que había perdido la fe de manera irremediable; y resulta que no: simplemente su fe estaba en cura.

Una mujer pensaba lanzarse ya a los brazos de la desolación y desesperanza más profunda cuando en realidad lo que estaba pasando en su vida era una profunda sanación de las raíces de sus "heridas capitales"... Y, así, una y otra vez, he podido constatar, en mí y en muchos otros, la gracia terapéutica de la *noche*. ¡Bendita *noche* que trae consigo tanta claridad!

He visto cómo una mujer, en una hora de diálogo, pasó del "infierno" (se auto-percibía condenada eternamente) al "cielo" (cayendo en la cuenta de que la salvación le era posible). ¿Qué sucedió? Simplemente le ayudé a caer en la cuenta de que lo suyo era una experiencia de profunda "noche oscura" y no un visado sin retorno al "reino del infierno". La mujer siguió en *noche*. Pero, ahora era una noche esperanzada. Le dolía, pero ahora percibía su sufrimiento bajo el prisma de la sanación interior profunda. ¡Dios estaba sanando la raíz profunda de las heridas provocadas por un aborto!

¡Es enigmática la *noche*! Muchas personas hablan de la "noche espiritual" pero no la comprenden adecuadamente. Y mucho menos cuando la están padeciendo en carne propia.

En este libro vamos a entrar en el corazón de la "noche oscura". Vamos a comprender su origen, dinámica, fases, duración; y, sobre todo, cómo nos cura.

En todo momento nos guiará Juan de la Cruz. Nadie ha comprendido la *noche* como él, sobre todo en la fase o dimensión "pasiva".

Comenzaremos con aspectos teóricos, pero luego llegaremos a lo práctico. Es necesaria la base teórica para poder realizar lo práctico.

¡No hay nada más práctico que una buena teoría!

CAPÍTULO 1
ESQUEMA DOCTRINAL SANJUANISTA

CAPÍTULO 1
Esquema Doctrinal Sanjuanista.

En este primer capítulo, analizaremos y comprenderemos la estructura y esencia de la doctrina de Juan de la Cruz, en tres puntos: 1) meta; 2) los protagonistas; y, 3) el proceso (camino).

La meta: unión con Dios.

La "unión con Dios" es el elemento unificador, meta e ideal de toda la doctrina sanjuanista. Desde ella cobra sentido toda su propuesta humano-espiritual: la "noche" se hace "dichosa", "*amable más que la alborada*";[2] la "subida del Monte" nos resulta una "feliz aventura". Escuchemos a Juan:

"Toda la doctrina que entiendo tratar en esta Subida del Monte Carmelo está incluida en las siguientes canciones, y en ellas se entiende el modo de subir hasta la cumbre del monte, que es el alto estado de la perfección, que aquí llamamos unión del alma con Dios...".[3]

Y lo enfatiza para que no se olvide:

---

[2] Poema "Noche Oscura", estrofa 5, verso 2.
[3] Argumento de Subida del Monte Carmelo.

"Siempre ha menester acordarse el discreto lector del intento y fin que en este libro llevo, que es encaminar al alma por todas las aprehensiones de ella, naturales y sobrenaturales, sin engaño ni embarazo en la pureza de la fe, a la divina unión con Dios".[4]

Todos los escritos de Juan de la Cruz se pueden comprender desde el ideal: la unión con Dios. *Subida del Monte Carmelo* y *Noche Oscura* nos hablan esencialmente del camino hacia la unión.

Cántico espiritual nos describe el proceso hacia la unión y parte de la unión misma, en clave de amor, de dos enamorados que se buscan, desean, encuentran y unen.

Llama de amor viva balbuce y barrunta varios niveles y grados de unión entre Dios y la persona.

Juan de la Cruz es un gran maestro, educador, formador. Parte del ideal, muestra a dónde desea conducirnos.

El ideal nos atrae, enamora, "engancha", "engolosina".

Una vez enamorados, seducidos, Juan nos mostrará el camino recto.

No olvidemos que ya él está en la cumbre del Monte.

¡Juan ya ha hecho el camino!

---

[4] 2S 28, 1.

¿En qué consiste esa unión con Dios?
Primero clarifiquemos qué **NO** es:

1) No es unión panteísta.
El panteísmo es aquella concepción, según la cual, todo es Dios. Juan deja muy claro que no se refiere a esto:

"Le comunica Dios (a la persona) *su ser sobrenatural de tal manera que parece el mismo Dios (…), y el alma* (la persona) *más parece Dios que alma* (persona), *y aún es Dios por participación, aunque es verdad que su ser naturalmente tan distinto se le tiene del de Dios como antes"*.[5]

Aquí es sumamente importante el verbo "parecer". La persona "parece el mismo Dios", pero nunca será Dios.

La persona está bañada de la gloria divina, pero su esencia nunca es divina.

Juan sigue aclarando: *"Se hace tal junta de las dos naturalezas y tal comunicación de la divina a la humana, que, no mudando alguna de ellas su ser, cada una parece Dios"*.[6]

La persona humana siempre será persona humana, aún en el más alto grado de unión con Dios. Ahí radica su grandeza: en ser exquisita y plenamente lo que está llamada a ser: ¡humana!

---

[5] 2S 5, 7.
[6] C 22, 5.

Agreguemos un tercer texto: *"Aunque en sustancia son diferentes, en gloria y parecer, el alma parece Dios y Dios el alma".*[7]

2) No es unión hipostática.

La unión hipostática es aquella, según la cual, en la única persona (*hipóstasis*) de Jesucristo, sin mezcla ni confusión, existen dos naturalezas: la humana y la divina. Ese tipo de "unión" sólo se da en Jesús.

Juan de la Cruz es consciente de ello. Entiende, en comunión con la dogmática católica, que: sólo Jesucristo es "hijo natural" de Dios, tiene la misma esencia divina del Padre (*homousios*); y, nosotros, somos "hijos adoptivos", por gracia divina.[8]

3) No es unión natural o por inmensidad.

La que ya, misteriosamente, está dada por ser Dios el "hondón del alma", nuestro más profundo centro. Todos estamos habitados por Dios.[9]

4) No es unión beatífica o por gloria.

La que sólo se dará en el cielo. Es un "pregusto de gloria", pero aún no la "gloria" en su máximo esplendor y plenitud.

---

[7] C 31, 1.
[8] Cfr. C 39, 5.
[9] Cfr. 2S 5, 3; L 1, 12.

¿Qué es la "unión con Dios"?

La "unión con Dios" sólo se da por "gracia divina". Es un regalo de Dios, es un don especial de su inmenso amor. No puedo darme o provocarme esa plenitud a mí mismo.

La "unión" significa nuestra sanación interior más profunda, plena y permanente. Algo que no puede ofrecerme o garantizarme ningún terapeuta.

¡Es la sanación por la que apostamos! No una sanación epidérmica, superficial, aparente e intermitente, sino profunda, integral, real y permanente.

Siempre será "gracia". Algo tan grande, profundo y permanente sólo puede ser gratuito. Pero para abrirnos a esa gratuidad serán necesarias unas condiciones de nuestra parte. Lo veremos más adelante.

La "unión con Dios" es una posibilidad real para todos. Pero, será necesario un desarrollo teologal en nuestras vidas para poder "actualizarse".

La sanación e integración más profunda se realizará en nosotros a través de la *fe* (que sana la mente: miedos paralizantes, fobias…), la *esperanza* (que sana la memoria: recuerdos enfermos, rencor, resentimiento, odio…) y el *amor* (que sana la voluntad: afectividad, deseos…).

La "unión con Dios", la sanación más plena y profunda de la persona, tiene cinco características:

a) Oscuridad.

Es oscura, misteriosa. Pero no es oscuridad por ausencia o carencia de luz. Es oscuridad por exceso de luz.

¡Nos deslumbra!

La sanación se realiza en *noche*. Vamos siendo re-construidos, re-creados, en el silencio del amor y el claroscuro de la fe. Se amerita una "confianza ciega". Dejarnos hacer y re-hacer. Como el paciente que está quieto, anestesiado, mientras el cirujano opera.

b) Permanencia.

Es un estado continuo, permanente. No se trata de resolver sólo temporalmente nuestros problemas. No es una cura pasajera.

c) Inmediatez.

Dios se percibe y experimenta directamente en su realidad soberana, en la medida que ello es posible fuera de la "gloria de los salvados".

d) Trinitaria.

Es "unión" con el Dios revelado en Jesucristo. Nos unimos a Dios tal y como Él es. Somos hechos partícipes de la comunión trinitaria. El Padre, el Hijo y el Espíritu "retozando" en mí. Dios en mí y yo en Dios: ¡conscientemente! Lo busco en mí y soy buscado en Él.

e) Dinámica.

Se trata de una experiencia de amor que se va "ahondando", cada vez más y más…

Hay grados de plenitud. Existen diversos grados de "unión". La "unión" se cualifica, "sustancia".[10]

Toda sanación, como toda conversión, siempre es un proceso. No se realiza totalmente de la noche a la mañana. Necesita unos ritmos. Amerita procesos.

Crecer de "golpe", quemar etapas, no es saludable, ni recomendable, quizá tampoco sea posible.

La "unión con Dios" es una historia de amor. Como se trata de una historia de amor, y el amor siempre es concreto, se hace necesario preguntar por los protagonistas específicos del proceso.

---

[10] Cfr. L prólogo 3.

Los protagonistas.

Juan de la Cruz habla de "unión del alma con Dios". Como utiliza el lenguaje de su época, tenemos que traducirlo un poco.

"Alma" significa "persona humana".

Con esta aclaración, ya tenemos a los protagonistas identificados: Dios y la persona humana.[11]

¡Dios y tú!

El totalmente sano con el enfermo. El no-herido con el herido.

Cuando lo enfermo nuestro se une con lo sano suyo, la enfermedad queda trocada en salud.

¡Su toque es sanador!

¿Cómo son los que se unen; los que se hacen uno en el amor?

---

[11] En el lenguaje teológico se habla de "personas divinas". Por eso, enfatizo lo de "persona humana".

Juan de la Cruz no sólo conoce a su Dios doctrinal y teóricamente, sino que lo conoce real y experiencialmente.

¡Lo ha conocido en la oscuridad!

Su luz lo ha cegado e iluminado. En los escritos de Juan encontramos algunos destellos de esa Presencia.

Juan experimenta a un Dios:

a) Uni-trino:

Padre: un Padre que es "inmenso", grande, potente, y a la vez muy tierno y cercano. Juan le llamará "madre tierna".[12]

Hijo: "Palabra única", definitiva y eterna del Padre. El Hijo es la elocuencia, revelación, expresión y rostro total del Padre. En Él lo encontramos todo. No hay nada más que buscar fuera de Jesús. Pedir a Dios revelaciones, apariciones, palabras, respuestas y milagros fuera de Jesús, es no reconocer que ya en Él todo está dicho y revelado.[13] Jesús es una mina inagotable.

Espíritu Santo: "Llama de amor viva". El Espíritu es el amor del Padre y el Hijo. Es el cirujano de profundidades. ¡Fuego sanador![14]

---

[12] Cfr. C 27, 1.
[13] Cfr. 2S 22, 3-7.
[14] Cfr. L 1, 1 y 3.

b) Trascendente.

En un sentido "ontológico" ("es más"), no en un sentido espacial (como Aquél que está "más allá de..."). En ese sentido, dice Juan lo siguiente:

"Dios no cae debajo de género y especie y ellas (las criaturas) *sí".* [15]

Añade: *"Dios es de otro ser que sus criaturas, en que infinitamente dista de ellas".* [16]

Y enfatiza: *"La distancia que hay entre su ser divino y el de ellas* (las criaturas) *es infinita".* [17]

Un "dios" que yo pueda comprender totalmente no es un verdadero Dios. Un "dios" que quepa totalmente en mi cabeza y que pueda catalogar y predecir es un ídolo.

Juan experimenta un Dios siempre mayor. Siempre descubría algo nuevo, desconcertante, increíble en Dios.

¡Si tu Dios es real, prepárate para las sorpresas!

Juan de la Cruz quizá sea el máximo representante de una corriente teológica llamada "teología negativa", cuya afirmación central es que de Dios podemos saber más lo que "no es" que aquello que "sí es".

---

[15] 3S 12, 1.
[16] 3S 12, 2.
[17] 2S 8, 3.

c) *Hermoso.*

Con su alma y ser de artista, Juan descubre la hermosura de Dios. O más bien, Dios descubre, muestra y revela a Juan su exquisita hermosura.

¿Qué habrá experimentado y "visto" Juan, para llegar a exclamar: "*La descubra y muestre su hermosura, que es su divina esencia y que la mate con esta vista desatándola de la carne*"[18]?

¡Ver tanta hermosura sin morir de amor y emoción es imposible!

Hay un texto de Juan sobre la hermosura de Dios, que no resisto la tentación de citar. Juan está "declarando" el segundo verso ("*y vámonos a ver en tu hermosura*") de la estrofa 36 del *Cántico espiritual*.

Cito:

"*Que quiere decir: hagamos de manera que por medio de este ejercicio de amor ya dicho lleguemos hasta vernos en tu hermosura en la vida eterna; esto es, que de tal manera esté yo transformada en tu hermosura, que, siendo semejante en hermosura, nos veamos entrambos en tu hermosura, teniendo ya tu misma hermosura; de manera que, mirando el uno al otro, vea cada uno en el otro su hermosura, siendo la del uno y la del otro tu hermosura sola, absorta yo en tu hermosura; y, así te veré yo a ti en tu hermosura, y tú a mí en tu hermosura, y yo me*

---

[18] C 11, 2.

veré en ti en tu hermosura, y tú te verás en mí en tu hermosura; y, así, parezca yo tú en tu hermosura, y parezcas tú yo en tu hermosura, y mi hermosura sea tu hermosura y tu hermosura mi hermosura; y así, seré yo tú en tu hermosura, y serás tú yo en tu hermosura, porque tu misma hermosura será mi hermosura; y, así, nos veremos el uno al otro en tu hermosura".[19]

¡Qué hermoso!

Juan está en éxtasis cuando escribe lo anterior. No está haciendo una simple descripción teórica o memorística.

¡Está orando!

Juan está absorto contemplando la hermosura divina. Le está hablando a Él. Por eso habla de "tu hermosura". Es un diálogo de amor ante la hermosura divina.

¡Es la hermosura que sana, transforma y transfigura!

En la novela *El idiota*, de Dostoievski, el ateo Hippolit pregunta, a modo de burla, al príncipe Myskin: "*¿Es verdad, príncipe, que dijisteis un día que al mundo lo salvará la belleza? Señores -gritó fuerte dirigiéndose a todos-, el príncipe afirma que el mundo será salvado por la belleza... ¿Qué belleza salvará al mundo?*".[20]

---

[19] C 36, 5.

[20] F. Dostoievski: *El idiota*, p. III, cap. V.

El príncipe Myskin calla. Responde con su activo silencio. Se encuentra junto a un joven que, a los dieciocho años, está muriendo de tisis.

¿Será esa la belleza que salvará al mundo? ¿La belleza de la compasión? ¿La belleza de un amor que comparte el dolor del otro?

La madre Teresa de Calcuta, al menos en su vejez, no era "físicamente" bella. ¿Qué vemos físicamente al mirarla? Una anciana muy arrugada, de baja estatura. Y, sin embargo, era hermosa. Emanaba de ella una belleza diferente, esencial, sustancial. La belleza del amor la inundaba. Irradiaba la belleza de la compasión. Era exquisitamente hermosa en su ternura.

¡Nunca he escuchado a nadie decir que la madre Teresa era fea; todo lo contrario!

Juan de la Cruz no era físicamente atractivo. En los procesos de investigación previos a su canonización (declaración oficial pública de su santidad) una monja declaró: *"Nuestro padre, fray Juan, era no hermoso"*.

En otras palabras: ¡era feo!

Además, era un hombre muy pequeño de estatura.

Sigue diciendo la monja del testimonio: *"Pero, tenía un no sé qué, que dejaba a uno en Dios"*.

He ahí la belleza de Juan. Ese "no-sé-qué" era el misterio y fuente de su belleza.

Juan de la Cruz descubre en su *Amado* esa belleza especial que salvará y sanará al mundo.

La hermosura de Dios no es meramente estética, superficial, epidérmica, pasiva. Es una hermosura activa que se acerca, nos abraza (envuelve) y abrasa (quema), nos sana.

La hermosura del amor de Dios saca de nosotros todo lo feo, amargo, herido, fragmentado…

Si nos miramos contemplando su hermosura, si sus ojos se convierten en nuestro espejo, sanaríamos radical y profundamente en nuestra auto-estima y auto-imagen heridas.

¡Nos descubriríamos esencialmente hermosos!

d) *Simple.*

Juan descubre que Dios es simple. Nosotros lo complicamos. Dios es des-complicado.[21] Por eso, toda vida espiritual profunda y auténtica, nos guiará siempre a una simplificación de vida.

e) *Incomparable.*

Todo el ser, hermosura, gracia, donaire, bondad, sabiduría, habilidad, señorío, libertad, deleites, sabores, riquezas y gloria de todo lo creado comparado con el ser, hermosura, gracia, bondad, sabiduría, habilidad, señorío, libertad, sabor, gozo, riqueza y gloria de Dios, nada es.[22]

¡Dios es incomparable!

---

[21] Cfr. L 3, 17.
[22] Cfr. 1S 4, 3-8.

Sólo podemos hablar de Él a través de comparaciones, imágenes, símbolos, metáforas, analogías.

Hablar, para luego terminar callados ante su desbordante misterio.

Toda auténtica palabra sobre Dios suele estar precedida y sucedida por el silencio.

No podemos compararnos con Dios; y, sin embargo, el amor nos asemeja: *"El amor hace semejanza entre lo que ama y es amado".*[23]

Hay muchos otros atributos que Juan de la Cruz "descubre" en Dios, y "experimenta".[24]

Juan de la Cruz se unió con ese Dios amor, unitrino, inmenso, tierno, misericordioso, paciente, sabio, trascendente, hermoso, simple, incomparable... Ahora te invita a ti.

¡Ahí radica tu sanación interior más profunda y total!

---

[23] 1S 4, 3.
[24] Cfr. L 3, 2 y 3, 6.

Concepción antropológica sanjuanista.

Juan de la Cruz habla del ser humano en términos generales: "el alma", "el espiritual", "la persona", "el sujeto", etc. Para nuestro cometido, estas denominaciones generales resultan insuficientes.

Juan de la Cruz es consciente de la unicidad y fragmentariedad de la persona humana. En sus escritos constantemente hace referencia a la persona en su integralidad o a alguna de sus dimensiones particulares.

Juan distingue cinco dimensiones de la persona humana:

1) Cuerpo vivo: animalidad y materialidad (dimensión biológica).[25]

2) Sentidos externos: vista, oído, gusto, tacto, olfato.[26]

3) Sentidos internos: imaginación, fantasía, pasiones.[27]

---

[25] Textos referenciales: 1S 3, 3; 1S 15, 1; 2S 8, 4; 2S 11, 2; 2S 24, 3; 3S 5, 3; 3S 26, 3; C 8; C 13; C 18, 1; C 19,1; C 28, 4; L 3, 74.

[26] Cfr. 1S 13, 4; 2S 23, 2; 3S 26, 5; C 13-15.

[27] En términos generales: a) sensibilidad interior; b) sentido corporal interior; y, c) sentidos "sensitivos" interiores. En términos particulares: a) memoria sensible; y, b) sentido común. Cfr. 2S 12;

4) Espíritu: entendimiento, memoria y voluntad.[28]

5) Sustancia: fondo, centro u hondón del alma.[29]

Cuando Juan se refiere a estas cinco dimensiones tiene en mente una especie de esquema dual:

1) Círculos concéntricos.

Según este esquema, el número 1 ("cuerpo") corresponde a la zona más exterior, y el número 5 ("sustancia") corresponde a la zona más interior.

2S 14, 1; 2S 12, 1-3; 2S 11, 10; 2S 12, 3; 2S 16, 2; 2S 4, 4; 3S 8, 3; 3S 2.4; 1N 8, 3; 1N 14; C 18, 7; L 3, 66; L 3, 52; L 3, 69.

[28] Textos referenciales: a) *sobre el entendimiento*: 1S 8; 2S 3.4; 3S 1-15; 2S 6.25; 2S 16, 2; 2S 9; C 39, 12; L 3,18; L 3, 72-74; b) *sobre la voluntad*: 1S 11; 1S 3-4; 1S 11, 2; 2S 6; 2S 7, 6; 2S 14, 5; 2N 12, 7; C 38, 3; C 38, 5; L 1, 3-4; L 3, 24; Ep. 13; c) *sobre la memoria*: 2S 6; 3S 2, 5-7; 3S 3-5; 2N 7; 2N 9, 5-7; L 1, 20. Sobre las "potencias" en general: 2S 4, 2; 2S 6, 6; 3S 13, 4; 3S 20, 1-3; 3S 26, 4; 2N 14, 3.

[29] En lenguaje filosófico podríamos hablar de "sustrato metafísico" o "esencia metafísica divina". Karl Rahner utiliza el concepto "trascendental sobrenatural", para referirse a este "hondón del alma". En el esquema de la *mística de interiorización,* la sustancia es la zona más profunda de la persona (el círculo más interno); mientras que, en el esquema de la *mística de elevación,* la sustancia es la cima, la cúspide del proceso. Para Juan de la Cruz, la "sustancia" es lo más alto o elevado, a la vez que lo más interior, de la persona. Cfr. C 12, 1; C 17, 1; L 1, 9-17; L 1, 12; L 2, 8.

2) *Subida o escala a un monte o montaña.*

Según este esquema, la parte más baja, ubicada justo antes de empezar a subir, corresponde al número 1 ("cuerpo"); y, la parte más alta, ubicada en la cima, corresponde al número 5 ("sustancia"). Ambos esquemas son complementarios. Juan los maneja con libertad. Por eso dirá:

"*Y así va Dios perfeccionando al hombre al modo del hombre, por lo más bajo*[30] *y exterior*[31] *hasta lo más alto*[32] *e interior*"[33] (2S 17,4).[34]

El proceso de sanación interior profunda implicará, por consiguiente, un movimiento y dinámica de "elevación" e "interiorización". Es el modo como Dios nos sana ("perfecciona", dirá Juan).

Simbólicamente, eres un monte o montaña. Por lo tanto, debes escalarte a ti mismo. Eres una

---

[30] Esquema del monte o escala.

[31] Esquema de los círculos concéntricos.

[32] Monte o escala.

[33] Círculos concéntricos.

[34] De ahí que sea criticable el intento de clasificación de la mística del Santo, por algunos autores, dentro de la distinción entre *místicas de interiorización* y *místicas de elevación*, como ha pretendido Henri Sanson, en su obra *El espíritu humano según San Juan de la Cruz,* Madrid, 1962, pp. 53-60. En su obra, Sanson enmarca al Santo dentro de los representantes de las *místicas de la interiorización.* Para una crítica a esta postura "enmarcatoria" o clasificatoria del Santo dentro de una de las dos místicas aludidas, Cfr. F. Ruíz: *Introducción a San Juan de la Cruz,* pp. 484-485.

esfera con grados de interioridad. Por lo tanto, debes interiorizarte: entrar en ti. Eres todo a la vez.

¡Subes, entrando!

¡Entras, subiendo!

Juan agrupa las cinco dimensiones de la persona en dos bloques:

1) Sentido.

"Sentido" comprende las tres primeras dimensiones: "cuerpo", "sentidos externos" y "sentidos internos". "Sentido" se refiere a cuerpo, imaginación, emociones…

2) Espíritu.

"Espíritu" comprende las dos últimas dimensiones: "espíritu" y "sustancia". Mi "espíritu" es mi "yo profundo", la sede de mis decisiones, más el Dios que me habita:

"Yo profundo" + "Dios" = espíritu.

Cuando Juan de la Cruz habla de "noche oscura del sentido", se refiere a la sanación del cuerpo, las percepciones, sensaciones, imaginación y emociones.

La "noche oscura del espíritu" es la sanación de lo más profundo de la persona humana, la sanación e integración de mi "yo profundo", la sanación de las raíces más profundas de las heridas interiores.

El proceso consistirá en sujetar el "sentido" al "espíritu"; y, éste, a su vez, será sujetado al "Espíritu Santo".

En otras palabras, aprender a manejar mis emociones de una manera adulta, madura, serena y equilibrada, con la ayuda y fuerza del Espíritu Santo.

¡Cuántos errores cometemos por dejarnos llevar de emociones, sensaciones, imaginaciones!

¡Cuántos pensamientos destructivos que no están iluminados por el Espíritu Santo!

Ya hemos planteado la meta ("unión con Dios") y conocido a los protagonistas (Dios y yo), ahora nos falta vislumbrar el proceso, el *camino*.

¿Cuál es el camino hacia la sanación profunda?

A Juan le interesa el camino corto y recto. No se anda con rodeos. No desea hacernos perder el tiempo. El camino para ir a dónde nunca has estado, será nuevo.

¡Olvida tus anteriores caminos!

¡Renuncia a las anteriores seguridades y sendas!

¡Ábrete a otro camino!

Una de las cosas más difíciles de la vida es entregar a otro las riendas de la propia vida.

Soltarnos, confiar y "flotar" no es tarea fácil.

Preferimos tener la vida bien asegurada sobre los propios cimientos.

Pero, la experiencia nos confirma, una y otra vez, que nuestros cimientos no son tan sólidos como solemos pretender.

¡En la vida existe lo imprevisto! Lo que, con frecuencia, suele dar un giro radical a la existencia: un accidente automovilístico, el descubrimiento de un cáncer; un huracán, un terremoto o maremoto, la muerte…

Por eso Juan nos propone "soltarnos" de toda seguridad, levantar anclas, quemar naves y comenzar un nuevo caminar.

¡Esto implicará replantearnos la propia vida!

¿Qué estás haciendo con tu vida? ¿Hacia dónde va tu vida? Si sigues por el camino que sueles transitar, ¿a dónde llegarás?

Quizá sea necesario un cambio de rumbo en tu vida.

El camino de la sanación interior profunda debe ser nuevo. Es un camino virgen, inexplorado. Recuerda las palabras del poeta: *"Caminante no hay camino, se hace camino al andar"*.

¡Atrévete a ir a donde nunca has estado!

Ve más allá de todo lo conocido.

Moisés tuvo un transformante encuentro con Dios (en una zarza que ardía y no se consumía) porque un día se arriesgó y fue más allá.[35]

Juan desea guiarnos hacia ese "lugar" nuevo.

¡La plenitud es la meta! "Sanación interior profunda", es otra manera de decirlo.

Un viaje de este tipo sólo se puede hacer abriéndonos a la novedad de Dios, dejándonos sorprender. Dirá Juan: *"En este camino el entrar en camino es dejar su camino"*.[36]

Se ha de caminar teniendo siempre la mirada en la meta: *"Ya se sabe que, en este camino el no ir adelante es volver atrás, y el no ir ganando es ir perdiendo"*.[37]

Se camina para llegar.

El camino es un medio, no un fin en sí mismo. Hay personas que pasan toda la vida haciendo del camino, el fin.

---

[35] Cfr. Ex 3, 1-6.
[36] 1S 11, 6.
[37] 1S 11, 5.

Conozco mucha gente que tiene veinte años en terapia psicológica y no se percibe ningún avance o integración personal. ¿Por qué? Porque tal vez no les interesa crecer, sanar, avanzar; sino, simplemente, "desahogarse", tener con quien hablar una hora al mes,... aunque sea pagando.

En la "pseudo dirección espiritual"[38] sucede lo mismo.

Hablo de "pseudo" porque tiene la "forma" de un auténtico acompañamiento espiritual, pero no tiene el "fondo", la sustancia y esencia. Muchas personas sólo necesitan alguien que les escuche y ofrezca alguna luz, algún consejo. Pero, no están dispuestos a forjar un proyecto serio de crecimiento, maduración, santidad y sanación interior profunda. Hacen del medio ("camino") el fin ("la meta").

Un acompañamiento espiritual serio sólo tiene lugar cuando se tiene claro a dónde se desea llegar, y se trabaja para ello.

La persona debe ser acompañada de tal manera que el "acompañante' sea cada vez más "innecesario". Como el niño que aprende a caminar: primero es ayudado por los brazos de sus padres; o, quizá por algún artefacto fabricado con esos fines, pero luego deberá caminar por sus propios pies. A veces se caerá y golpeará. Es parte del proceso.

---

[38] Hoy se prefiere hablar de "acompañamiento espiritual", que tiene un carácter más activo e implicativo para la persona que solicita la ayuda. Más que ser "dirigido", soy "acompañado" en mi proceso. La dirección fundamental corresponde a Dios.

Para Juan, quedarnos estancados en el proceso es "volver atrás", retroceder.

Se camina para llegar, aunque la vida no nos alcance para llegar.

Si la muerte nos encuentra en camino, el Señor nos tomará en brazos, nos recogerá y nos elevará a la meta como sobre alas de águila.

Morir en el intento, en un intento serio, decidido y responsable, es otra manera de triunfar.

¿En qué consiste el camino para Juan? Que él mismo lo diga:

"*Y así querría yo persuadir a los espirituales cómo este camino de Dios no consiste en multiplicidad de consideraciones, ni modos, ni maneras, ni gustos (aunque esto, en su manera, sea necesario a los principiantes) sino en una sola cosa necesaria, que es saberse negar de veras, según lo exterior e interior, dándose al padecer por Cristo y aniquilarse en todo, porque, ejercitándose en esto, todo esotro y más que ello se obra y se haya en ello*".[39]

Aquí nos topamos con ese hueso sólido, duro de roer, del pensamiento sanjuanista. Vale la pena analizar el anterior texto para comprender el pensamiento de Juan en general y su propuesta de la

---

[39] 2S 7, 8.

"noche oscura" en particular. Hagámoslo en cuatro puntos:

1) No a la multiplicidad, sí a la simplicación.

La dispersión es uno de los peores enemigos de la maduración, sanación profunda y libertad interior. Se desperdicia mucha energía necesaria para el proceso.

Conozco personas que, buscando sanación interior y sentido a sus vidas, practican todo tipo de "espiritualidades" orientales y occidentales; mezclan la brujería y santería con el rosario y la oración ante Jesús sacramentado; van a misa cada semana, pero también a cultos pentecostales; practican, junto con el ayuno, el esoterismo; leen de todo, mezclándolo todo, sin un sentido crítico, sin discernimiento. Incluso, dentro de una misma tradición espiritual, intentan conciliar "espiritualidades" que se encuentran en las antípodas. Es común encontrar cristianos que creen a la vez, sin ningún tipo de problema, en la resurrección y la re-encarnación.

Ese jamás será el camino de la sanación que deseamos.

Es necesario centrarse en un solo camino.

No es necesario hacer muchas cosas.

Haz una sola, pero hazla bien.

Entra hasta el fondo en aquel camino que elijas.

Las ofertas tipo *buffet* podrían funcionar con las comidas, pero no con la sanación interior. El *blend* es fabuloso para algunos vinos. Pero para la vida es necesario elegir una *cepa* determinada.

En la actualidad se habla con frecuencia del "mercado religioso". La auténtica religiosidad no se puede adquirir en un *stand* para productos religiosos con ofertas del dos por uno. Así no funciona. Eso dispersa, disgrega. No centra. No sana.

El camino espiritual es un proceso de simplicación. Nos descomplica la vida. Aprendemos a soltar "cargas innecesarias", que suelen ser las que más pesan y obstruyen el crecimiento y avance.

A eso se refiere Juan.

¡Céntrate en un camino!

No pases el resto de tu vida experimentando caminos. Así nunca llegarás.

Si ya elegiste un camino, síguelo.

2) Negarse, aniquilarse.

En tiempos de "afirmación", ¡qué duras e incomprensibles las palabras de Juan! Hoy todos deseamos "realizarnos", "afirmarnos". Eso es muy bueno. Lo malo es el camino que solemos elegir para llegar a esa meta.

Un camino es malo si no nos conduce a dónde deseamos llegar, aunque esté muy bien asfaltado y pavimentado.

En las sociedades modernas ha habido grandes avances en los derechos individuales. Cada uno puede hacer y decir "casi" todo. Cada uno sigue su "camino", es libre de hacer lo que desee con su vida. Eso tiene cosas buenas. Pero, ¿somos más felices? ¿Somos realmente libres?

Paradójicamente, vivimos en sociedades depresivas. ¡Cuánta depresión! Las personas vivimos muy estresadas. Muchos viven el día a día como rutina, sumergidos en un profundo sinsentido. ¿Qué estará pasando?

No siempre alcanzamos la libertad, afirmando.

La libertad interior implica renuncia. Cuando acumulamos mucho peso, se hace más lento el caminar.

Cuando decimos "sí" a todo, estamos diciendo "no" a nuestra realización más profunda. Juan es consciente de ello. Por eso te propone: "niégate", "aniquílate". ¿Qué significa esto? Cito un amplio texto de Iain Mathew que nos ayudará a comprender:

"La respuesta de Juan viene a decir esto: consigue tu libertad aprendiendo a decir 'no'. No, no necesito eso. Le necesito a Él. No necesito eso, no porque sea malo, sino porque es malo que ocupe el centro, y yo le quiero a Él en el centro. Así que hoy, en esta ocasión, digo 'no'. No necesito escribir esta carta o hacer esta llamada telefónica hoy. No necesito ver hoy ese programa de la tele. No necesito conseguir la aprobación de aquella

persona o recordarle a aquella otra quién manda aquí".[40]

En esto consiste la negación que te propone Juan: hazte libre diciendo "no".

Sin olvidar que decir "no" a unas cosas, implica haber dicho "sí" a otras. Y eso sólo se puede hacer en el presente.

Hoy, aquí, ahora, en este momento y circunstancia, digo "no" a esta persona, actitud, tentación... Hoy "no" seré infiel; en esta situación, "no" seré egoísta; ahora "no" veré pornografía... así se hace libre el corazón humano... y sana.

¡El "no" debe ser pronunciado y ejecutado allí donde el "deseo" esté más implicado! Decir "no" allí donde soy menos libre.

Alguien dirá: "*Pero, eso es muy difícil, cuesta mucho*". Felicidades: descubriste el punto neurálgico de la cuestión. Se hace, precisamente, porque cuesta. Si no costara, no habría ningún problema.

Alguien dirá: "*Pero, en realidad, eso en que tengo apego y no soy del todo libre, es muy pequeño; mi dependencia es muy chiquita*".

A lo que Juan responde:

"*Porque eso me da que una ave esté asida a un hilo delgado que a un grueso, porque, aunque sea delgado, tan asida se estará a él como al grueso, en*

---
[40] I. Mathew: *El impacto de Dios. Claves para una lectura actual de san Juan de la Cruz*, p. 79.

tanto que no le quebrare para volar. Verdad es que el delgado es más fácil de quebrar; pero, por fácil que es, si no le quiebra, no volará".[41]

Esa es la cuestión: que estamos atados, esclavizados; no somos interiormente libres. ¿Deseas ser, de verdad, interiormente libre? Pues, nombra y rompe tus pequeños hilos. Juan quiere que vueles.

3) Por Cristo.

Para poder decir "no" a muchas cosas, primero hay que haber dicho "sí" a alguien. Para decir "no" a algo bueno, a veces muy bueno, es preciso que me mueva "un amor mayor de un bien mejor".

Cuando una persona se casa pronuncia un "sí". Pues, ese "sí" a una persona concreta, implica y supone un "no" a todas las demás personas, en el sentido de una vida en pareja. Para Juan es lo mismo.

Su "sí" fundamental es a Cristo.

Si Jesús me llena, ¿qué busco fuera de Él?

No se trata de renunciar a amar a los demás. Si así fuera, el Jesús que ocupa el falso centro sería falso.

Se trata de amar por Él, con Él y en Él. Cristificar mi amor. En otras palabras: sanarlo, purificarlo, trascenderlo, abrirlo a infinito.

---

[41] 1S 11, 4.

El "no", no puede ser "medalaganario": porque me da la gana y punto. Debe ser la consecuencia de un "sí" previo. Sólo así la "negación sanjuanista", el "no", te hará libre y te sanará.

El "no" se fundamenta y adquiere sentido en el "sí".

Un "no" que se sostenga sólo en sí mismo, podría ser destructivo y enfermo.

Cuando el "no" es consecuencia de un "sí" más grande, experimentamos alegría, alivio, consuelo, gratificación, safisfacción, andaremos siempre "como de fiesta".

Cuando el "no" es auto-referencial y sólo se basa en sí mismo, entonces estaremos amargados, tristes, sin aliento, desesperanzados, interiormente enfermos, andaremos siempre como de luto.

Antes de buscar hacerte interiormente libre diciendo "no", clarifica tu motivación. Aquello a lo que renuncias no puede ser mayor que aquello que lo motiva, y mucho menos que aquello que encuentras.

Esta es la dinámica de todo proceso de conversión. Lo primero no es la "renuncia", sino el "encuentro". Encuentro algo tan grande, valioso y hermoso que pasa a ocupar el centro de mi vida. Como consecuencia, todo lo demás debe ser re-orientado, re-estructurado, re-educado, a la luz de lo encontrado.

En el ámbito de la espiritualidad, fundamentalmente, yo no encuentro, sino que soy encontrado y caigo en la cuenta de ello. El Señor se hace el encontradizo.

4) *Abundantes frutos.*

En el camino de la sanación vamos encontrando muchas seducciones, "cantos de sirena", ofertas, propuestas… ¡A veces, más que apetecibles!

Habiendo encontrado algo mucho mejor, aprendemos a decir "no". ¿Qué gano diciendo "no"? Libertad interior, ligereza en el caminar, llego más rápido porque no me distraigo, y muchísimas cosas más…

Juan dirá que la experiencia de lo encontrado *"toda deuda paga"*.

Habrá valido la pena decir "no".

Este camino no deja de ser "raro", "extraño". Los criterios habituales se trastocan. Juan le tilda de "secreto" y "oculto":

"Este camino de ir a Dios es tan secreto y oculto para el sentido como lo es para el del cuerpo el que se lleva por la mar cuyas sendas pisadas no se conocen". [42]

---

[42] 2N 17, 8.

Etapas del Camino.

El itinerario espiritual sanjuanista (el camino corto) está organizado y descrito, si atendemos a la globalidad de su propuesta, en cinco bloques o etapas de un mismo y único proceso:

1) *Salida*: estadio inicial de imperfección y relativa tranquilidad; inconsciencia o referencia vaga de las propias heridas.

2) *Primera terapia*: "Noche del sentido", sanación del Sentido.

3) *Convalecencia*: paréntesis de consolidación.

4) *Terapia profunda de las raíces de las heridas*: "Noche del espíritu".

5) *Sanación, maduración, plenitud, libertad interior*: "Unión perfecta".

Podemos agrupar estas cinco etapas en tres bloques:

1) Salida (fase 1).
2) Camino (fases 2, 3 y 4).
3) Llegada (fase 5).

En la espiritualidad clásica se hablaba de tres vías: purgativa, iluminativa y unitiva. Si nos dejáramos llevar por el esquema de las *vías,* acentuaríamos los bloques:

1 (= vía purgativa).
3 (= vía iluminativa).
5 (= vía unitiva).

Juan maneja los esquemas clásicos con libertad y flexibilidad, ya que la *noche* es, a la vez, purgativa, iluminativa y unitiva; en definitiva: ¡sanadora!

La originalidad de Juan de la Cruz corresponde a los bloques o períodos 2 y 4:

2 (= "Noche del sentido" o primera terapia).
4 (= "Noche del espíritu": terapia profunda).

El gran aporte de Juan y su mayor originalidad están en la fase 4: la sanación profunda del espíritu.

Juan es experto y maestro donde la mayoría no llegan.

Normalmente los autores espirituales y muchos terapeutas terminan donde Juan apenas comienza la terapia. Se mueve con sorprendente habilidad en lo más desconocido de la interioridad humana.

Muchos psicólogos y psiquiatras estudian a Juan en la actualidad, fascinados por su conocimiento de las profundidades psíquicas y espirituales de la persona humana.

Para Juan de la Cruz, el punto neurálgico, decisivo y capital del proceso de sanación e integración profunda lo constituye la *noche*, en sus variadas dimensiones y grados de intensidad; pero, sobre todo, la "noche pasiva del espíritu": la sanación más profunda que Dios realiza en nosotros.

Intentemos ahora "iluminar" la "noche"; o, más bien, "oscurecer" nuestras "claridades".

¡Una advertencia importante: vamos a entrar a un terreno en que nada es lo que parece!

¡Necesitas olvidar todo lo que sabes!

La aparente "ausencia" puede ser "intensa Presencia".

Descálzate.
Ábrete a la novedad.

Déjate sorprender.

Entraremos en el quirófano divino, en el hospital de la gracia.

CAPÍTULO 2
¿QUÉ ES LA "NOCHE OSCURA"?

CAPÍTULO 2
¿Qué es la "Noche Oscura"?

"Noche oscura" no es una definición. Toda definición, como la palabra misma lo indica, pone "fines", acorrala, limita.

Si la "noche oscura" fuera una definición, entonces quedaría encerrada en unos límites muy precisos y rígidos. Podría significar una cosa. Sólo una.

"Noche oscura" no es un mero concepto teórico.

No se trata de teoría.

¡No se puede acorralar la *noche*!

"Noche oscura", para Juan de la Cruz, es un logrado y evocador símbolo.

El símbolo es abierto, evoca, sugiere, indica posibles caminos. Como todo símbolo, la *noche* se refiere, a la vez, a varias realidades; sin quedar limitada o circunscripta a ellas.

Noche es crecimiento, conversión, maduración, purificación, re-construcción, sanación, terapia…

"Noche oscura" es el proceso o camino mediante el cual somos sanados.

Mientras vivamos históricamente estaremos en *noche*.

Hasta que no veamos a Dios cara a cara, estaremos en "noche oscura". Por lo tanto, la *noche* dura toda la vida.

¡La "noche oscura" es un proceso que dura toda la vida!

Juan habla de "noches", en plural, no porque haya más de una, sino atendiendo a las diversas magnitudes e intensificaciones de la *noche*.

Así como la noche natural tiene etapas, y no es igual de oscura en cada una de sus etapas, la "noche espiritual" tiene diferentes etapas, magnitudes y densidades.

No todas las "noches" son iguales. Unas son más oscuras que otras.

Hay momentos en que la "noche" se percibe con más fuerza. Solemos llamar propiamente "noche oscura" a esos momentos densos, intensos, de sanación y purificación.

Para Juan de la Cruz hay tres razones por las que podemos llamar "noche" a este proceso de sanación y transformación profunda:

"Por tres cosas podemos decir que se llama noche este tránsito (camino, vía, itinerario) *que hace el alma* (la persona) *a la unión con Dios. La primera, por parte del término de donde el alma sale; porque ha de ir careciendo el apetito del gusto de todas las cosas del mundo que poseía, en negación de ellas, la cual negación y carencia es noche para todos los sentidos del hombre. La segunda, por parte del medio o camino por donde ha de ir el alma a esta unión, lo cual es la fe, que es también oscura para el entendimiento como noche.*

La tercera, por parte del término a donde va, que es Dios, el cual ni más ni menos es noche oscura para el alma en esta vida".[43]

Tres razones:

1) *Punto de partida*: "negación" (hacernos libres diciendo "no").

2) *Medio*: "fe" (que nos permite "ver" más allá en medio de la oscuridad).

3) *Meta*: "Dios" (que es oscuridad para nuestro entendimiento, pero es luz en sí mismo).

La *noche* evoca el misterio de la renuncia, el claroscuro de la fe y la potente y cegadora claridad de Dios.

La "noche" como el "misterio", no es carencia de luz, sino plenitud de ella: es un exceso de luz.

La *noche* es el entendimiento humano rebasado. ¡Es no ver lo evidente!

Dios se acerca tanto que no podemos verlo.

Nos falta perspectiva.

¡No estamos acostumbrados a tanta Presencia!

Nos deslumbra su esplendor.

Quedamos como ciegos, a oscuras… en *noche*.

---

[43] 1S 2, 1.

La oscuridad de la *noche* es sólo aparente. Percibimos oscuridad. Para nuestras mentes limitadas no puede ser de otra manera. Pero, objetivamente, lo que está pasando es que demasiada luz, de repente, nos arropa y desborda.

¡No comprendemos!

¡Dios se reviste de ausencia! Disfraza su Presencia con el desconcierto de la más atroz y cruel ausencia.

¿Por qué duele tanto esa "aparente ausencia"? Porque ya hemos experimentado, de alguna manera, su Presencia.

Por eso la ausencia duele.

Dios nos ha "engolosinado", fascinado, enamorado, despertado e inquietado, haciendo surgir en nosotros un profundo deseo de sí... y, de repente, "se va", ya "no está".

Realmente "está"; pero para nosotros, desde la captación de nuestra percepción, "ya no está más".

El proceso de la *noche* implica dos movimientos: el propio y el de Dios. Juan le llamará "noche activa" y "noche pasiva":

"Activa es lo que el alma puede hacer y hace de su parte para entrar en ella (...). Pasiva es en que el alma no hace nada, sino Dios la obra en ella y ella se hace como paciente".[44]

Dentro del proceso de la única y misma noche, hay un momento en el cual la persona es más

---

[44] 1S 13, 1.

"activa", es más protagonista de su sanación; y otro, en el cual, es Dios quien toma totalmente las riendas.

Hay un trabajo que me corresponde a mí realizarlo; y otro, el trabajo fundamental y esencial, corresponde a Dios.

Pero, en ambos momentos, "activo" y "pasivo", siempre actúan, de alguna manera, ambos protagonistas.

A veces, la acción de la persona se limitará a no estorbar el trabajo de Dios, dejarle hacer.

En la etapa "pasiva" del proceso, "mucho ayuda quien no estorba".

Más adelante veremos qué podemos hacer nosotros y qué sólo puede hacerlo Dios, dentro del proceso de sanación interior profunda.

La *noche* se intensifica por etapas, a veces durante largos períodos.

La madre Teresa de Calcuta sufrió por más de cincuenta años el impacto profundo, doloroso y desconcertante de la "noche de la fe".

Teresa de Lisieux la sufrió el último año y medio de su vida.

Conozco testimonios de personas que pasaron diez, quince, veinte, treinta, cuarenta años... en una profunda "noche".

¡Toda persona que se tome en serio a Dios, será tomada "muy en serio" por Dios!

Se cuenta de santa Teresa de Jesús que en una ocasión se quejó a Jesús. Ella lo había dado todo por

Él y sin embargo parece que en los momentos más difíciles (intensas enfermedades, calumnias, etc...) Él la abandona. Ante su queja, Jesús le respondió:

"Teresa, así trato yo a mis amigos".

A lo que Teresa replicó:

"Con razón tienes tan pocos". ¡Había confianza entre ellos!

¿Cuándo se intensifica la "noche"? Eso no corresponde a nosotros decidirlo. En palabras de Iain Mathew:

"No podemos ni detenerla ni apresurarla, simplemente llega, y nos enseña cada día que no somos los dueños absolutos de nada".[45]

En lo concerniente a la etapa "pasiva" no nos queda más que esperar en fe.

Juan hablará de "fe oscura"; es decir, "confianza ciega".

¡Paciencia!

---

[45] *Op. Cit.*, p. 93.

¿Qué se siente en la "Noche"?

No se "siente" bonito.

A veces no se sentirá nada.

Otras veces, dolerá el propio egoísmo y mezquindad.

Cuando Dios se acerca tal y como Él es; entonces me veo tal y como yo soy y estoy.

¡Su Presencia nos desnuda y transparenta!

La *noche* me desnuda, me evidencia ante mí mismo. Nos conocemos en profundidad.

¡Podemos nombrar nuestras heridas!

Mientras más oscura la "noche", más lucidez y claridad para ver lo más miserable, herido, vergonzoso y destrozado de nuestras vidas.

Cuando los músculos psicológicos de la auto-percepción duelen, cuando los músculos morales y espirituales gimen, es buena señal en el contexto de la *noche*. Significa que hay crecimiento, sanación, maduración. Así como los músculos corporales duelen cuando el ejercicio físico es eficaz.

¡Algo está pasando!

Allí donde se supone haya Presencia de Dios, porque antes la hubo, ahora sólo hay "vacío".

La "nada" parece dominarlo todo.

A veces nos percibiremos condenados eternamente.

Los infiernos se abrirán dentro de la propia interioridad.

La *noche* se hará tenebrosa, terrible.

La experiencia de la madre Teresa de Calcuta es iluminadora en la descripción de su *noche*. La veíamos sonriendo y ayudando a los pobres.

¿Qué había detrás de la sonrisa, bondad, misericordia y compasión de la madre Teresa? Dolor, *noche*, percepción de ausencia, vacío. Por eso ella decía: "*Si algún día llego a ser santa, con seguridad seré la santa de la oscuridad*".[46] Vale la pena citar algunos fragmentos de sentidas cartas de la Madre Teresa, describiendo su "noche":

"*La oscuridad es tal que, de veras, no veo nada, ni con la mente, ni con el juicio. El lugar de Dios en mi alma está vacío. No hay Dios en mí. (...). Él no está aquí (...). Dios no me quiere*".[47]

"*Simplemente siento en mi alma ese terrible dolor* (está hablando del dolor del infierno) *por la pérdida de un Dios que no me quiere, de un Dios que no es Dios, de un Dios que en verdad no existe*".[48]

---

[46] Carta de la Madre Teresa al padre Joseph Neuner, 6 de marzo de 1962. Sugiero leer el libro de las cartas secretas de la Madre Teresa "*Ven, sé mi luz*", que recoge muchas cartas dirigidas a sus confesores, directores espirituales y superiores, dando razón de su "noche".

[47] Carta de la Madre Teresa al padre Joseph Neuner, sin fecha.

[48] Carta de la Madre Teresa al padre Lawrence Trevor Picachy, 3 de septiembre de 1959.

"Señor, Dios mío, ¿quién soy yo para que tú me abandones? La niña de tu amor, y ahora convertida en la más odiada, la que tú has desechado como despreciada, no amada. Llamo, me aferro, deseo, y no hay nadie que conteste, no hay nadie a quien yo me pueda aferrar, no, no hay nadie, sola. La oscuridad es tan oscura, y yo estoy sola. (...). La soledad de un corazón que quiere amor es insoportable. ¿Dónde está mi fe? Incluso en lo más recóndito no hay nada sino un vacío y oscuridad. (...). Duele sin cesar. No tengo fe. No me atrevo a pronunciar las palabras y pensamientos que se agolpan en mi corazón, y me hacen sufrir una agonía indecible. (...). Dios si existes, por favor, perdóname".[49]

Esta última cita de la Madre Teresa me recuerda la "oración del ateo" de don Miguel de Unamuno:

"Oye mi ruego Tú, Dios que no existes,
y en tu nada recoge estas mis quejas,
Tú que a los pobres hombres nunca dejas
sin consuelo de engaño.

No resistes
a nuestro ruego y nuestro anhelo vistes.
Cuando Tú de mi mente más te alejas,
más recuerdo las plácidas consejas

---

[49] Carta enviada al padre Lawrence Trevor Picachy, sin fecha.

con que mi ama endulzóme noches tristes.

¡Qué grande eres, mi Dios! Eres tan grande
que no eres sino Idea; es muy angosta
la realidad por mucho que se expande
para abarcarte.
Sufro yo a tu costa,
Dios no existente, pues si Tú existieras
existiría yo también de veras". [50]

Sigue diciendo Madre Teresa:

"No sabía que el amor puede causar tanto sufrimiento. Aquel era un sufrimiento causado por la pérdida, éste es causado por la añoranza a causa del dolor humano, pero provocado por lo Divino". [51]

Es interesante cómo el Señor, a través de la *noche*, asoció a la Madre Teresa al dolor de tantos pobres indigentes abandonados. Antes lo había hecho con Teresa de Lisieux, asociándola al ateísmo del siglo XIX.

---

[50] A propósito de la lucha por creer y la imposibilidad de creer, hay una novela deliciosa de don Miguel de Unamuno: "San Manuel Bueno, mártir". Allí plantea, con exquisita lucidez, temas muy interesantes: la salvación, la fe, la verdad trágica, la felicidad ilusoria, amor al prójimo.

[51] Carta de la Madre Teresa al padre Lawrence Trevor Picachy, 6 de noviembre de 1958.

¿Cómo se le manifestó a Teresita? Dios le apagó totalmente la fe, le hizo experimentar en carne propia el ateísmo. Las palabras de Teresita son fuertes y claras:

"En los días tan alegres del tiempo pascual, Jesús me ha hecho sentir que realmente hay almas que no tienen fe (...). Él permitió que mi alma fuera invadida por las más espesas tinieblas y que el pensamiento del cielo, tan dulce para mí, no fuera en adelante sino motivo de lucha y tormento. Esta prueba no iba a durar unos días, algunas semanas, se iba a prolongar hasta la hora marcada por Dios y... esa hora no ha llegado aún".[52]

¡Teresita escribe en medio de esa oscura "noche"!

El impacto del amor de Dios en mi realidad, duele. Duele como ausencia de amor.

La *noche* nos recuerda una verdad fundamental: no me sano a mí mismo.

¡Soy sanado!

La "noche oscura" nos recuerda algo muy importante:

"Somos sanados especialmente en aquellas situaciones que nos privan de nuestro control".[53]

---

[52] *Historia de un alma*, manuscrito "C".

[53] I. Mathew: *El impacto de Dios*, p. 129.

Juan de la Cruz, describió el proceso de la "noche oscura" de manera insuperable, en un símbolo muy elocuente: el fuego en el madero.

Cito:

"Se ha en el alma, purgándola y disponiéndola para unirla consigo perfectamente, que se ha el fuego en el madero para transformarle en sí. Porque el fuego material, en aplicándose al madero, lo primero que hace es comenzarle a secar, echándole la humedad fuera y haciéndole llorar el agua que en sí tiene; luego le va poniendo negro, oscuro y feo, y aún de mal olor, y yéndole secando poco a poco, le va sacando a luz y echando fuera todos los accidentes feos y oscuros que tiene contrarios al fuego; y, finalmente, comenzándole a inflamar por de fuera y calentarle, viene a transformarle en sí y ponerle tan hermoso como el mismo fuego".[54]

Es la descripción de nuestro proceso de sanación interior profunda.

Somos quemados, transformados, sanados, iluminados, por el fuego del Espíritu.

Para Juan de la Cruz la "Llama" es el Espíritu Santo.

El fuego del Espíritu nos hace "noche oscura".

Por eso, donde mejor se comprende la "noche oscura" es en *Llama de amor viva*.

---

[54] 2N 10, 1.

¡La "Noche" sólo hace sentido a la luz de la "Llama"!

La "noche oscura" es un proceso de "hermoseamiento" de la persona. Quita todo lo que nos "afea". Nos pule, criba, purifica y deja como brasas encendidas en fuego de amor.

En palabras de Juan Antonio Marcos: "*Si la unión mística es hermosura,*[55] *la noche será algo así como una intervención de cirugía estética sobre el alma*".

La *noche* es el verdadero quirófano estético.

La cirugía de la *noche* es profunda.

Te deja interiormente precioso.

Una cirugía plástica no sana tu auto-estima y auto-imagen heridas, enfermas, lastimadas; la *noche* sí.

La *noche* realiza una "liposucción espiritual".

La *noche* quita y pone.

Re-ajusta hasta dejarnos hermosos.

La *noche* nos deja como recién salidos de las manos de Dios; y, por lo tanto, listos para regresar a Él.

La *noche* saca el fuego que hay en ti.

Hace brillar la *llama* en ti.

Pone ardor en tu corazón y brillo en tus ojos.

---

[55] Refiriéndose a C 36, 5, que ya hemos citado para hablar de la hermosura de Dios.

¿Cómo sé que es "noche oscura"?
Criterios para discernir la "Noche".

¿Cómo sé que no se trata simplemente de una depresión psicológica, un "bajón" anímico, un proceso hormonal (menopausia, andropausia), la tristeza y sensación de vacío normal después de la muerte de un ser querido o una ruptura sentimental?

¿Cómo sé que no se trata de mi negligencia, de una vida moralmente desordenada que me drena? ¿Cómo sé que no es simplemente la incoherencia matándome?

¿Cómo sé que no se trata de una intervención demoníaca, que no me han hecho una "brujería"?

¡Preguntas muy válidas!

A Juan también se las hicieron. Esas y otras similares.

Juan mismo se las plantea.

Él es consciente de que la "sequedad" puede proceder de: pecados, negligencia, "tibieza", incoherencia, estado anímico o una enfermedad física.

En palabras de Juan:

"... estas sequedades podrían proceder muchas veces no de la dicha noche y purgación del apetito sensitivo sino de pecados e imperfecciones, o

de *flojedad y tibieza, o de algún mal humor o indisposición corporal*".[56]

Las razones de la "sequedad interior" pueden ser morales (situación de pecado), psicológicas (estado anímico) o físicas (una enfermedad).

¡Pero, también podría tratarse de la "noche oscura"!

Juan hace referencia en dos ocasiones a los criterios para discernir la *noche* y diferenciarla de cualquier otra situación posible: 2S 13, 2-4 y 1N 9, 2-9. En cada caso habla de tres "señales".

Ambas listas de tres "señales" son complementarias. Por eso, fundiré ambas listas en cuatro "señales":

1. *Bloqueo mental.*

En lenguaje de Juan: "*Ya no puede meditar ni discurrir*", "*aunque más haga de su parte*".

Donde antes había deliciosos y jugosos pensamientos, ideas, imágenes de Dios, ahora no hay nada.

¡No fluye nada!

Nos esforzamos en pensar, recordar, re-vivir experiencias. Todo en vano. No hay luz. No se puede vislumbrar un camino.

No se "sabe" qué hacer, por dónde ir, cómo ayudarse a encontrar una luz.

---

[56] 1N 9, 1.

La idea edificante y devota de Dios es sustituida por una "nada", por el vacío más espantoso.

Si algún pensamiento llega, de nuestra "cosecha", normalmente no será "devoto". La Madre Teresa temía la blasfemia. Por eso, prefería no esforzarse en pensar.

Quizá encontremos "ideas" ajenas, pensamientos teóricos, fórmulas clichés para hablar a otros. Pero, interiormente no las sentimos reales. No vibramos con ellas. Esto es muy tormentoso.

Se dice lo que se desearía pensar, pero percibiendo que no hay verdad en lo que se dice.

Es como si toda nuestra verdad, y la Verdad objetiva, fueran una mentira.

Pero, lo que mentalmente "percibo" como mentira, es una verdad que puede sanar y transformar a otros.

Todo se cuestiona.

No se hace pie firme en nada.

Uno puede percibirse como "increyente", "incrédulo", "falsario"…

"Creer" es una adhesión cognitiva. La mente no adhiere, no se apropia nada. Si lo hace le produce sufrimiento, sensación de deshonestidad.

Uno se percibe como hipócrita, no sincero.

Una monja francesa vivió más de cuarenta años en esa situación. Ella no podía recitar el *Credo* sin experimentar un profundo dolor y sufrimiento. Se "sabía" hipócrita.

La mente, la imaginación, están bloqueadas.

A más profunda (oscura) la *noche*, mayor bloqueo.

A veces, de repente se encenderá alguna luz.

Pero, luego se extingue súbitamente.

En realidad, nuestra mente está siendo sanada, ensanchada, para poder trascender, ser iluminados por otra luz mayor.

¿Cómo comprenderlo?

Pongamos un ejemplo:

Estoy en una habitación totalmente oscura. Para poder "ver" un poco y "caminar" sin tropezar, enciendo un pequeño cerillo. No es gran cosa, pero por lo menos algo se ve. Más o menos me permite caminar.

De repente, alguien sopla y apaga mi cerillo. Oscuridad total.

Desconcierto.

Miedo.

Pierdo el sentido de orientación.

No veo nada.

Después de unos minutos, que parecieron toda una eternidad, esa misma persona que apagó mi cerillo acciona el interruptor de las más potentes "lámparas", reflectores ("lámparas de fuego") que puedas imaginar.

Todo se ilumina de repente.

El impacto repentino de tanta luz, de tan potente claridad, me deja ciego.

Tengo que, poco a poco, ir "acostumbrándome" a esa nueva claridad.

¡Es la dinámica de la *noche*!

El Espíritu Santo sopla y apaga la ínfima y tenue luz del cerillo de mi entendimiento.

No veo, no comprendo, no me oriento. No sé hacia dónde camino.

De repente, el mismo Espíritu, enciende una potente luz mayor.

Ahora quedo como ciego, pero no por defecto o carencia de luz, sino por exceso de luz.

Me habitúo a esa potente claridad.
¡Pero, después, el proceso se repite!

¡Y ahora todo es más tenebroso, doloroso!
Me sumerjo en una oscuridad en que todo aúlla dentro.

A medida que el proceso se va "repitiendo" (aunque en realidad siempre es nuevo, implica siempre nuevas connotaciones), en la profunda oscuridad, voy conociendo lo más oscuro, feo y tenebroso de mí: las raíces más profundas de mis heridas, pecados, tentaciones, etc.

2. Sequedad total.

"Así como no haya gusto ni consuelo en las cosas de Dios, tampoco le halla en alguna de las cosas criadas".[57]

El gusto se apaga por completo.

El consuelo se seca.

Ya no se siente lo que antes se sentía.

Los manjares exquisitos han desaparecido.

Todo es sequedad.

No se encuentra sabor en nada ni en nadie.

Eso que antes me provocaba tanto placer y satisfacción, ahora es fuente de amargura, vacío, tristeza.

En un retiro, una señora me dijo que estaba en "noche oscura". Le pregunté por qué decía eso. Respondió:

"Porque antes cuando oraba sentía tan bonito, era un gozo tan grande, sentía tanto el amor de Dios por mí. Pero, desde hace un tiempo, voy a la oración, hago de todo y no siento nada. Bueno, sí, siento algo: un calor sofocante que no se me quita. Es muy incómodo, es lo más aburrido que usted se pueda imaginar".

Le pregunté: *"¿Y eso sólo le pasa en la oración? ¿Hay algo que disfrute, en lo que encuentre mucho gusto y sabor?".*

---

[57] 1N 9, 2.

71

Me dijo: "*Sí, claro, en dos cosas: las telenovelas y el baile. Me encanta bailar y lo disfruto mucho. Y mi novela de las 9:00 de la noche está más buena y emocionante que nunca*".

Le dije: "*Hermanita mía, usted no está en 'noche oscura'; quizá la menopausia y el estarse viendo a escondidas con el esposo de su mejor amiga es la fuente de la sequedad en su oración*".

¡La señora jamás ha regresado a mis retiros! ¡Pero, al menos ya sabe que lo suyo no es "noche oscura"!

Es fácil confundir la *noche* con cualquier otra cosa: un proceso hormonal, las sensaciones normales y típicas de una enfermedad, el caos interior, angustia y ansiedad provocados por un desorden moral o sexual, una depresión psicológica…

Juan lo deja lo suficientemente claro: ¡no se encuentra gusto en nada!

Porque lo que está apagado, en cura, en el quirófano divino, es el "gusto".

3. Nostalgia de Dios.

"Ordinariamente trae la memoria en Dios".[58]

La persona recuerda a Dios.

A ese mismo que, "aparentemente", le odia, le ha abandonado; lo recuerda, lo desea, lo ama.

Desea más que nunca a quien está más ausente que nunca.

Parece una contradicción.

La Madre Teresa lo experimentó dramáticamente:

"En mi alma hay tantas contradicciones. Una añoranza tan aguda por Dios, tan aguda que es dolorosa, sufrimientos incesantes, y a pesar de ello no soy amada por Dios, rechazada, vacía, sin fe, sin amor, sin fervor. Las almas no me atraen, el cielo nada significa, y a pesar de eso, esta tormentosa nostalgia por Dios. Le ruego rece por mí para poder sonreírle a Él a pesar de todo. Porque pertenezco sólo a Él, por lo que Él tiene todo el derecho a mí. Estoy enteramente feliz de no ser nadie hasta para Dios".[59]

Se desea intensamente al Dios que no se siente. Nada llena ya a la persona.

---

[58] 1 N 9, 3.

[59] Carta de la Madre Teresa al arzobispo Ferdinand Périer, 28 de febrero de 1957.

Sólo Dios podría hacerlo.

Como ese Dios tan anhelado se regala disfrazado de ausencia, el dolor es inmenso. Ninguna mediación es suficiente.

Nada da contento.

Lo queremos sólo a Él.

¡Pero, Él no está!

"Aparentemente", no está.

4. *Entrega generosa a los demás.*

El "amor y la misericordia prácticos" son un criterio fundamental para discernir la autenticidad de la experiencia de Dios.

La persona, sumergida en las tinieblas de la "noche" no ve nada, no entiende, no siente gusto en nada, desea a quien siente que la odia,... y, aun así, se entrega generosamente.

Se da a los demás *"con solicitud y cuidado penoso".* [60]

La Madre Teresa de Calcuta, una vez más, es un claro ejemplo de manual. Ella pensaba, sentía, percibía, que su tan amado Jesús la había abandonado, que incluso la odiaba.

¿Qué hacía Madre Teresa?

Se daba generosa y totalmente a los demás en cuerpo y alma.

---

[60] 1N 9, 3.

La *noche* nos dinamiza. Nos pone en movimiento. Nos saca de nosotros mismos. Nos abre a los demás.

Dios, en la *noche*, explosiona las bases de nuestro egoísmo y auto-referencialidad y nos abre el corazón a los demás.

Una persona deprimida no encontrará fácilmente la motivación y fortaleza interior para levantarse y donarse.

Los criterios o "señales" anteriores deben darse juntos en la persona para discernir la auténtica "noche oscura".[61]

No olvidemos que Juan habla de "señales", indicaciones.

No en todos los casos y personas se manifiestan de la misma manera.

Por eso habría que discernir cada caso concreto con flexibilidad. Juan dirá:

"Los dichos de amor es mejor declararlos en su anchura, para que cada uno de ellos se aproveche según su modo y caudal de espíritu".[62]

¡Dios tiene muchos caminos!

Por eso Juan sólo pretende *"dar alguna luz general"*.[63]

En palabras de Teresa de Jesús:

---

[61] Cfr. 2S 13, 5-6.

[62] C, prólogo, 2.

[63] *Idem.*

"Las cosas del alma siempre se han de considerar con plenitud y anchura y grandeza".[64]

No podemos someter la compleja realidad humana, y menos aún la acción de Dios, a rígidos esquemas teóricos.

Los esquemas teóricos ayudan a comprender, pensar y discernir, pero no lo explican todo.

¡La realidad siempre es superior a la teoría!

---

[64] 1M 2, 8.

¿Cómo convertir lo adverso de la vida en fecunda "Noche"?
Sacarle provecho al sufrimiento "inevitable".

Muchas personas llaman "noche oscura" a toda experiencia de sufrimiento, por el simple hecho de ser sufrimiento.

¡Pero no!

No todo sufrimiento es "noche oscura". Al menos, no en el sentido sanjuanista.

La fórmula no es "sufro, luego estoy en *noche*".

¡Pero, todo sufrimiento sí puede ser "convertido" en "noche oscura".

Es decir, ser fructífero y terapéutico, sanador.

El sufrimiento en sí mismo no es un bien. Encontrar "placer" en el sufrimiento es enfermizo.

Jesús no encontró "placer" en la cruz. Le dolió, mucho. En su sufrimiento de crucificado, Jesús experimenta la aparente y dolorosa ausencia del Padre, la que le arranca un grito desgarrador: *"'¡Elí, Elí! ¿lemá sabactaní?', esto es: '¡Dios mío, Dios mío! ¿por qué me has abandonado'".*[65]

En la vida existen muchos sufrimientos imprevistos e inevitables, que se nos imponen: la muerte repentina de un ser amado, un accidente automovilístico, el fracaso de un negocio importante, la ruptura y destrucción del matrimonio,

---

[65] Mt 27, 46.

la adicción de un hijo, diagnóstico de un cáncer terminal, una humillación pública, infidelidad matrimonial, un aborto involuntario, una profunda depresión, una traición de alguien muy importante para nosotros, un terremoto que lo destruye todo, un potente huracán, etc…

Esas cosas no son "noche" en sentido "pasivo". Es decir, no las envía Dios. Ahora, bien, ¿podemos hacerlas "noche oscura" sanadora y transformante?

¡Sí!

Juan nos invita a sacarle fruto a ese sufrimiento. No podemos seguir desperdiciando sufrimiento. Ya que no podemos cambiarlo, vamos a invertirlo a nuestro favor.

¿Cómo se hace?

Para hacer fructífero, cual "noche oscura", todo sufrimiento o adversidad de la vida, hacen falta tres cosas:

1. *Confianza en Dios* (fe).

La "noche oscura" es escuela de confianza y abandono en las manos de Dios. Nos enseña a soltarnos. Como no tenemos el control de la situación, entregamos, conscientemente, las riendas de la vida a Dios.

En cierta ocasión escuché contar a Mons. Silvio José Báez, al presente obispo auxiliar de Managua (Nicaragua) lo siguiente: su primer formador en el Carmelo reunió a todos los postulantes y les dijo: "*¿Saben ustedes a qué vinieron al Carmelo? Vinieron a 'morir por Cristo'. Y, si no deciden morir por cuenta propia; los matamos entre todos*".

De eso se trata: decidir "morir" antes de que te "maten". Entrégate. Suéltate. Confía.

Una vez vi un dibujo que me ayudó a comprender la fe. Una figurita humana, endeble, se encontraba en la cima de una alta montaña. De lo profundo del abismo que había ante sí, una voz le llamaba a lanzarse al vacío.

Lanzarse a ese "aparente" vacío, sin seguridades de que vayamos a ser sostenidos, es fe.

¡Un salto de confianza!

Nadie, jamás, que se haya lanzado confiadamente a ese "aparente vacío", ha sido defraudado.

La pregunta sigue siendo válida: ¿si me entrego del todo a Dios, y me lanzo confiadamente a sus brazos, llenará mi vida?

La experiencia es más válida aún: nadie que lo haya hecho de verdad, ha quedado defraudado.

Decidir confiar está en nuestras manos.

2. *Aceptar que el futuro pertenece a Dios* (esperanza).

Según estudios psicológicos, el 85% de las cosas que nos atormentan del futuro nunca suceden.

Mark Twain decía: *"He sufrido muchísimas cosas en la vida. La mayoría de ellas nunca sucedieron".*

También es verdad lo contrario: nos hemos ilusionado mucho en la vida con cosas que jamás pasaron.

¿Qué nos dice esto?

Que el futuro no nos pertenece.

El futuro está en las manos de Dios.

Podemos pasar cuarenta años trabajando intensamente para construir la casa de nuestros sueños y de repente, en un minuto, un terremoto la hace añicos.

Luchamos fuerte, día y noche, por forjar un bonito proyecto matrimonial y resulta que una infidelidad lo hecha todo por la borda.

Tanto tiempo invertido en los hijos para hacer de ellos hombres y mujeres de bien y ahora todos tienen una vida desastrosa.

Hemos cuidado la salud siempre con una buena alimentación, sin consumir alcohol ni fumar, régimen de ejercicios, y una súbita enfermedad lo destruye todo... y, así podrías seguir indefinidamente...

¿Significa esto que la casa, el proyecto de matrimonio, la formación de los hijos y el cuidado de la salud son cosas malas o que simplemente se deban dejar al azar?

¡No!

Sólo significa que el futuro es impredecible, siempre nos puede sorprender. No nos pertenece.

Por eso hay que aprender a entregarle a Dios el futuro. Esperar en Dios. Esto nos llena de confianza.

¡Se trata de esperanza!

La esperanza no es un mero optimismo humano. Es algo más.

El optimismo nos dice: "Todo estará siempre bien, todo saldrá excelente, según lo planeado".

La esperanza nos dice: "Todo podrá salir mal, no salir según lo pensado y planeado, la situación puede dar un giro para mal; pero aún así, Dios está en control, tú déjate, suéltate y confía".

3. Decidir amar (amor).

Amar es una decisión.

Todos somos capaces de amar.
¡Incluso el más herido!

En medio de las adversidades, sufrimientos, imprevistos, limitaciones y heridas, podemos amar.
¿Decidir amar a quien me ha herido?

¡Sí!

No olvidemos que el amor a los enemigos es un imperativo evangélico: "*Amen a sus enemigos y oren por los que les persiguen*".[66]

---

[66] Mt 5, 44.

Este es el camino terapéutico de la "noche oscura" voluntaria.

¿De qué "amar" estamos hablando? Ciertamente, no de mero sentimiento.

Decidir ser amable con quien me ha herido tanto, decidir orar pidiendo cosas buenas por quien me ha abandonado, decidir hacer un bien concreto a quien ha lastimado a mi familia... ese, y no otro, es el camino del amor que sana.

A veces, amar no supondrá exponernos y acercarnos físicamente. Pero, al menos, a la distancia, oramos por esa persona.

Alguien dirá: *"Pero, eso es muy difícil"*. Nadie ha dicho que no lo sea. Si prefieres, sigue aumentando tus heridas, decidiendo conscientemente odiar, hundiéndote en el estiércol de tu pasado. Sigue desperdiciando sufrimientos.

Decidir confiar, esperar en Dios y amar es el camino para integrar todo sufrimiento y hacerlo experiencia sanadora, "noche oscura".

CAPÍTULO 3
SANACIÓN DE LAS RAÍCES MÁS PROFUNDAS

CAPÍTULO 3
Sanación de las raíces más profundas.

Para lograr una sanación interior profunda, para sanar las raíces inconscientes más hondas de nuestras heridas, ningún esfuerzo humano será suficiente.

La "noche oscura" nos ha enseñado algo que la experiencia nos confirma: no nos sanamos a nosotros mismos, sino que somos "sanados".

Conozco muchas personas que buscando una sanación interior profunda y duradera lo han probado y experimentado casi todo. Y al final terminaron frustrados. Pensando que ya habían logrado perdonar a esa persona concreta, de repente la ven y todo se revive de nuevo.

No podemos dar la sanación por supuesta.

Vemos que, en gran medida, hemos sanado. En lo que, conscientemente, podemos percibir: "¡Ya estamos sanos!"

Pero, olvidamos un dato importante: las raíces más profundas de las heridas interiores están ocultas en el inconsciente. No las percibimos.

Pasa como con ciertas "hierbas malas": las cortamos, aparentemente ya no existen más. Ya han sido extirpadas, eliminadas…

Viene la lluvia y florecen con más vitalidad que antes.

¿Qué pasó si ya estaban eliminadas?

No. No estaban eliminadas. Quité lo que se veía. Pero, las raíces siguen intactas.

Ni siquiera una "noche oscura activa" (haciendo lo que podemos decidir y hacer nosotros) sana las raíces más profundas de las heridas.

Será necesaria una terapia más profunda: la "noche pasiva del espíritu". En otras palabras: que Dios sane mi "yo profundo".

No tenemos dominio de ese tipo de terapia. No está en nuestras manos provocarla.

Es obra de Dios.

Pero, sí hay cosas que podemos ir haciendo y que nos ayudan a disponernos para que Dios nos impacte y sumerja en el quirófano de su amor.

Centrémonos en lo esencial y profundo, en el "espíritu", el "yo profundo": mente, memoria y voluntad.

CAPÍTULO 4
"NOCHE DEL ENTENDIMIENTO"
SANACIÓN DE LA MENTE

CAPÍTULO 4
"Noche del entendimiento"
Sanación de la mente.

En mi libro "Nombrar para Sanar" he hablado de las heridas del entendimiento, heridas mentales: miedos paralizantes, fobias, negativismo, pesimismo, desconfianza, increencia, auto-referencialidad, cerrazón a la comprensión de los otros, pensamiento rígido y cuadriculado, inflexibilidad mental, irracionalidad, generalización negativa, mentiras, maquinaciones…
¡La lista es larga!

Los pensamientos, como los deseos y recuerdos, pueden ser alimentados, estimulados, o no.

Decidimos hasta dónde dar cabida a ciertos pensamientos destructivos, angustiantes, deprimentes. Podemos terminar haciendo de la mentira, nuestra verdad.

¿Qué podemos hacer para comenzar a sanar nuestra mente?

Teniendo en cuenta que la sanación profunda final sólo puede provenir de Dios, y la buscaremos en la oración de recogimiento interior, hay varias cosas que sí podemos hacer nosotros.

Sugerencias para sanar nuestra mente.

A la luz de los escritos de Juan de la Cruz y la experiencia de acompañamiento espiritual, sugiero varias cosas:

1. Limpia y vacía tu mente de lo enfermo.

El primer ejercicio debe ser de higiene mental: limpiar la mente. Necesitamos liberarla, desocuparla.

¿Para qué?

Para hacer espacio a Dios. Y que entre hasta lo más profundo, herido y recóndito de nuestro ser.

En palabras de Juan de la Cruz:

"Para que el entendimiento esté dispuesto para esta divina unión, ha de quedar limpio y vacío de todo lo que puede caer en el sentido, y desnudo y desocupado de todo lo que puede caer con claridad en el entendimiento". [67]

¿De qué basura está llena tu mente?

¿Qué ideas obsesivas y neuróticas te rondan permanentemente?

Vamos a vaciar nuestras mentes de:

a) Ideas obsesivas.
b) Pensamientos neuróticos.

---

[67] 2S 9, 1.

c) *Ideas tóxicas.*
d) *Pensamientos negativos.*
e) *Pesimismo.*
f) *Fobias.*
g) *Desconfianza.*
h) *No creer en nadie.*
i) *Dudas sobre todas las personas.*
j) *Negatividad.*
k) *Irracionalidad.*
l) *Mentiras.*
m) *Generalización negativa.*
n) *Creer poseer toda la verdad, y la verdad en todo.*

El primer paso es identificar esas cosas en nosotros. Espero que ya lo hayas hecho a través de la lectura de "Nombrar para Sanar".

El segundo paso es tomar la decisión de superar esa situación.

El tercer paso consistirá en no estimular o alimentar esos pensamientos cuando nos lleguen.

Podemos hacerlo de varias maneras:

a) *Déjalos estar.*

Déjalos estar, pero, no los alimentes. Es decir: ignóralos. No te enfrentes con ellos en una lucha que posiblemente perderás. Aquí también es válido el consejo de Teresa de Jesús, a propósito de la imaginación: hacerle el caso que se le hace a una loca.

b) Céntrate en otras cosas.

No pierdas el tiempo en luchas inútiles. Simplemente, céntrate en otras cosas más útiles y fructíferas: un trabajo manual, la lectura de un buen libro, ver una película, hablar con un amigo, trabajar en un proyecto…

Céntrate o distráete: baila, cocina, cose, nada, practica algún deporte o ejercicio… algo que te guste y distraiga.

c) Diles "no".

Cuando sea posible, diles no.

No, porque en mi mente sólo cabe Jesús.

No, porque estoy aprendiendo a pensar como Jesús.

No, porque estoy configurando en mí una mentalidad cristiana.

No, porque se está articulando en mí la mente de Cristo.

No, porque me dañas.

No, porque me robas la paz interior.

2. *Llena tu mente de lo sano.*

No puede haber vacío mental.

El vacío mental es una ilusión.

Si vamos a vaciar la mente de lo tóxico y enfermo que la habita, necesitamos, a la par, irla llenando de ideas y pensamientos sanos.

En Juan de la Cruz descubrimos un principio terapéutico fundamental: *lo que te hiere te cura.*

Si lo dañado es un "pensamiento", hemos de ser curados a través de otro "pensamiento".

Si tenemos "ideas" enfermas, necesitamos "ideas" sanas para superarlas.

Las negatividades deben ir dejando espacio para las positividades.

La conversión es *metanoia*, es decir, "cambio de mentalidad". Pasar de una mentalidad enferma a una mentalidad sana. Cambiar la manera de pensar.

Para cambiar nuestra manera de pensar necesitamos llenarnos de "buenas noticias". "Evangelio" en griego significa: "buena noticia".

Vivir el evangelio de Jesús implica una sanación mental. Sus "buenas noticias" sacan de nuestras mentes toda "mala noticia".

Esto no significa vivir sumergidos en la ingenuidad. Jesús jamás fue ingenuo. Conocía la complejidad de la realidad circundante, especialmente del corazón humano.

¿De qué alimentas tu mente?

Necesitamos "alimentar" la mente con manjares saludables y sanos.

¡Deja de meter basura en tu cabeza!

Lo que vemos en televisión, por internet, escuchamos en radio y el tipo de libros que leemos nos puede decir mucho de nuestras mentes.

Necesitas tomar una decisión urgente: ¡Ya!

¿Cuál?

Alimentar, llenar, cuidar, ejercitar tu mente con ideas positivas, pensamientos sanos e imágenes fructíferas.

3. Flexibilidad mental.

No te apegues el pensamiento.

La realidad siempre es superior a la idea.

Tú no eres un mero pensamiento.

Dios no es una simple idea.

El apego intelectual, la inflexibilidad mental, no sana.

Juan dirá:

"Ninguna cosa criada, ni pensada, puede servir al entendimiento de propio medio para unirse con Dios, y cómo todo lo que el entendimiento puede alcanzar, antes le sirve de impedimento que de medio, si a ello se quisiese asir".[68]

¡Las seguridades mentales no salvan!

---

[68] 2S 8, 1.

Incluso las ideas más brillantes son insuficientes para sanar la raíz de tus heridas interiores. Los genios y personas intelectualmente más brillantes, también están heridas.

¡Basta repasar un poco las páginas biográficas de la filosofía!

Las ideas positivas ayudan, pero no bastan. Tenemos que estar siempre abiertos al cambio mental.

Sólo Dios sanará las raíces más profundas de las heridas. Y ni siquiera tu idea más brillante y devota sobre Dios será Dios. Dios es más que idea. Dios es más que pensamiento.

No estamos en contra del pensamiento ni de las ideas. Si así fuera este libro no tendría ningún sentido. Simplemente estamos intentando ubicar el pensamiento, las ideas, la mente, la razón, en su justo lugar.

Juan de la Cruz tenía en muy alta estima el pensamiento humano. Tanto, que llegará a decir:

"Un solo pensamiento del hombre vale más que el mundo; por tanto, sólo Dios es digno de él".[69]

Un hombre que piensa así no está peleado con el pensamiento ni con la razón.

La fe no es irracional. La fe es razonable. "Razonable" no quiere decir que todo sea explicable, entendible.

---

[69] D 34.

"Razonable" quiere decir que tiene sentido, que no es un absurdo.

Chesterton decía: *"Cuando entres a una iglesia quítate siempre el sombrero, pero nunca la cabeza"*.

Para Tomás de Aquino, fe y razón son dos alas con que el espíritu humano se eleva a Dios.

Edith Stein afirmará que quien busca la verdad, sea consciente de ello o no, busca a Dios.[70]

La fe no se opone a la razón, pero la supera, la trasciende. Un Dios libre no puede ser aprisionado en la limitación de mi cabeza. Un "dios" que quepa en mi cabeza es muy pequeño, es un ídolo. Hay un texto de Johnston muy interesante al respecto:

"La perenne tentación del hombre (como la de Israel) ha sido siempre meter a Dios en una caja o en una categoría y así poder controlarlo. El saber conceptual es una forma de domesticación que se ha de abandonar en favor del conocimiento no conceptual, una nueva manera de conocer y de amar que penetra en el silencio de la nube o de la noche oscura".[71]

---

[70] Sobre la relación antre fe y razón remito a dos documentos eclesiales: *Fides et ratio*, de Juan Pablo II; y, *Lumen fidei*, del papa Francisco.

[71] W. Johnston: *La música callada. La ciencia de la meditación*, Paulinas, Madrid, 1980, p. 213. Cuando el autor habla de "la nube", se refiere a un librito inglés anónimo del siglo XIV llamado "La nube del no saber". Lo recomiendo.

Les cuento una historia.

Un día, ante un crucifijo, santo Tomás de Aquino (uno de los más grandes teólogos de la historia de la Iglesia), tras escribir miles de elevadas, ungidas y brillantes páginas sobre Dios y la fe, tuvo una experiencia de Dios. No fue más que un instante. Cuentan que Tomás, tras la experiencia, dijo que lo que había escrito no era más que paja, comparado con lo experimentado; y, por lo tanto, se podía quemar.

¿Qué habrá experimentado Tomás?

Al Dios vivo.

Juan de la Cruz, después de tanto escribir sobre Dios, la fe, el cielo,… termina hablando sólo de "*aquello*":

> "*Allí me mostrarías*
> *aquello que mi alma pretendía,*
> *y luego me darías*
> *allí, tú, ¡vida mía!,*
> *aquello que me diste el otro día*".[72]

¿Qué será "*aquello*"?

¿Qué habrá experimentado Juan?

Él sólo dirá poéticamente en unas "coplas hechas sobre un éxtasis de harta contemplación":

> "*Entréme donde no supe,*
> *y quedéme no sabiendo,*

---

[72] C, estrofa 38.

toda ciencia trascendiendo.

Cuanto más alto se sube,
tanto menos se entendía,
que es la tenebrosa nube
que a la noche esclarecía;
por eso quien la sabía
queda siempre no sabiendo,
toda ciencia trascendiendo".[73]

No pensemos que la cercanía de Dios es plena luz que nos permite entender y ver todo claro.

¡No!

Mientras más cerca, menos se comprende: es la *noche* de la fe, la noche del entendimiento.

Hace falta distancia de la experiencia para ver más claro.

Por eso, la experiencia de Dios sólo se puede discernir *a posteriori* (después que ha pasado).

¡A Dios sólo se le conoce de espaldas, mientras caminemos en la historia!

Que ni los pensamientos negativos y destructivos te enfermen la mente, ni las ideas bonitas te la esclavicen.

En palabras poéticas de Juan: *"Ni cogeré las flores"* (pensamientos e ideas bonitos, devotos, positivos), *"ni temeré las fieras"* (heridas mentales).

¡Déjate sorprender!

---

[73] Poema IX, *introito* y estrofa 5.

Ábrete a la novedad de Dios.

Y, sobre todo, ábrete al Dios de las novedades.

4. *"Fe oscura"*.[74]

La *"fe oscura"* sanjuanista es la "confianza ciega".

Juan simplemente dirá:

"Confíen en Dios, que no deja a los que con sencillo y recto corazón le buscan".[75]

La "confianza ciega" en Dios, el abandono confiado en su amor, será la terapia definitiva para la mente.

La confianza es el mejor antídoto contra los miedos.

Allí donde hay miedo, confía. El Señor no te abandonará. Él está contigo.

Tenemos que buscar medios prácticos que nos recuerden la continua Presencia de Dios en nuestras vidas.

En muchos conventos, seminarios, escuelas y colegios católicos se solía tocar una campana a ciertas horas, indicando que era el momento de hacer conciencia de la Presencia de Dios, a través de alguna oración.

---

[74] 2S 4, 2.
[75] 1N 10, 3.

Hoy no podemos utilizar campanas. Gracias a Dios contamos con otros medios. Entre esos medios está tu *cell phone*. El teléfono móvil se ha ido colando en todos nuestros quehaceres. Nos acompaña hasta al baño. Casi nunca lo dejamos solo por mucho tiempo.

Pues, ¡aprovechemos ese medio!

Programa tu *cell* para que, cada cierto tiempo te recuerde, con algún timbre, sonido o canción, la Presencia de Dios.

Organízate con tus amigos y familiares más cercanos. Creen un grupo de *WhatsApp* en el cual se envíen mensajes que recuerden esa sanadora Presencia de amor.

En fin, lo que más te ayude a despertar la conciencia de la Presencia de Dios. Y que esa Presencia te inspire confianza. Si él está contigo, ¿quién contra ti?

La "fe oscura" (confianza ciega) significa confiar allí donde no hay ningún motivo para hacerlo. Tenemos miedo a ser lastimados.

Ser heridos y lastimados es una posibilidad real cuando confiamos.

No podemos dejar de sanar por miedo a ser heridos. Es como quien deja de vivir por miedo a morir.

¡Confiar es un riesgo necesario!

La confianza ciega en Dios implica confiar en las personas humanas. Si no soy capaz de confiar en mí y en los demás, ¿cómo podré confiar en Dios, a quien no veo? La dinámica de la confianza es similar a la dinámica del amor: el amor a Dios pasa por el amor al hermano.[76]

Confiar en mí y en los demás será parte del proceso.

"Confiar" no significa centrar mi seguridad en mí o en los otros.

Jesús está presente en tu vida, vivo y resucitado. Dale un voto de confianza. Él es Señor de tu historia. Por lo tanto, tu historia tendrá un final feliz.

No caminamos hacia el abismo de la "nada", sino hacia la plenitud del "Todo".

La clave esencial será: ¡confía que Él está contigo!

---

[76] Cfr. 1Jn 4, 20.

CAPÍTULO 5
"NOCHE DE LA MEMORIA"
SANACIÓN DE LOS RECUERDOS

CAPÍTULO 5
"Noche de la memoria"
Sanación de los recuerdos.

Toda persona mínimamente sana, tiene recuerdos; a no ser que se haya "dementado", "desmemoriado", desconectado y colapsado por completo. Todos recordamos. Todos tenemos recuerdos.

Como descubriste en mi libro "Nombrar para Sanar", en tu historia hay páginas dolorosas, heridas, lastimadas. Quizá, incluso, bañadas en sangre. Páginas o capítulos enteros que duelen mucho. Arrancan muchas lágrimas.

A esos recuerdos heridos, Juan de la Cruz les llamará "fantasmas del tiempo". Son como sombras que nos persiguen.

La memoria no se sana por "eliminación", sino por "iluminación". El disco no se borra, se edita hasta alcanzar una mejor versión.

El recuerdo se re-educa. La historia se re-interpreta. Podemos cambiar la lectura, las perspectivas. No sólo existe una única manera de "ver" las cosas.

Por supuesto que para una sanación profunda de la memoria no bastará simplemente un cambio de perspectiva de lo ocurrido. Ya eso será tarea de la "noche oscura pasiva del espíritu".

En otras palabras: sólo Dios, con la fuerza de su amor, sanará lo profundo de tu memoria. Sólo la acción del Espíritu divino sanará las raíces más profundas de las heridas de tu memoria.

En ti existen archivos muy profundos. Casi tan profundos como lo más profundo que te habita. "¡Casi!". Porque lo más profundo que hay en ti ni siquiera eres tú.

¡Lo más íntimo en ti es tu Dios habitándote espiritualmente!

¿Cómo sanar la memoria?

La memoria está íntimamente vinculada al entendimiento. Los recuerdos de nuestra memoria están hechos, en parte, de pensamientos, ideas, imágenes mentales. También hay sensaciones, olores, sabores… Por eso, todo lo dicho para la sanación del entendimiento (tu mente), también será válido para la sanación de tus recuerdos (memoria).

Pero, Juan hará sugerencias particulares para la memoria.

Utilizaremos una *redondilla* de Juan como esquema para la sanación de la memoria:

"Olvido de lo criado,
memoria del Criador,
atención a lo interior;
y, estarse amando al Amado".

Aquí tenemos cuatro elementos fundamentales para la sanación de la memoria:

1) Olvido terapéutico.

2) *Memoria Dei.*

3) Atención a la interioridad.
4) Saber "estar" amando.

A estos agregaremos un quinto elemento, el esencial y definitivo:
5) esperanza.

1. Olvido terapéutico.

La memoria, para ser sanada, debe ser "vaciada", liberada del "apego" a los viejos recuerdos que nos atormentan y roban la paz interior.[77]

Este "vaciamiento" de la memoria implica un proceso de "olvido", una amnesia terapéutica. Se trata del olvido terapéutico.

El "olvido terapéutico" puede ser "activo" o "pasivo".

"Activo" quiere decir que yo, consciente y libremente, puedo "olvidar terapéuticamente".

"Pasivo" quiere decir que no está en mis manos hacerlo o provocarlo.

El "olvido", como terapia "pasiva" corresponde a Dios provocarlo y realizarlo en mí.

Llegará un momento en que Dios te invadirá y llenará por completo. Allí ya no habrá cabida para los recuerdos heridos de tu pasado.

---

[77] Cfr. 3S 15, 1; 3S 2, 14.

El *Amado* divino será tu recuerdo, memoria, pasado, presente y futuro: ¡tu Todo!

Compete a ti desplegar la terapia del "olvido activo". Tenemos que comprender bien de qué se trata.

Hay personas que dicen: "Yo perdono, pero no olvido". ¡Al menos, no estimules el recuerdo! No estimular el recuerdo es comenzar a "olvidar".

"Olvidar terapéuticamente" significa: recuerdo lo sucedido, pero sin dolor. Cuando recuerde sin dolor, sin tensión interior por lo sucedido, entonces, ya sané el recuerdo. Recuerdo, pero sanamente.

"Olvidar" por completo un recuerdo herido podría ser una gracia de Dios, pero también un mecanismo inconsciente de la memoria. Lo primero sería la sanación profunda y total. Lo segundo, no sería más que ocultar la herida bajo los escombros de la historia lastimada.

Por eso, "no recordar" no es sinónimo necesariamente de "sanación".

A veces no recuerdo porque estoy totalmente sano.

Otras veces no recuerdo porque estoy demasiado podrido y enfermo.

Necesitamos el "olvido terapéutico".

¿Cómo se hace?

Nos pueden ayudar dos sugerencias, que a su vez tendrán otras implicaciones:

a) No estimular ciertos recuerdos.

En mi primer libro "Nombrar para Sanar", a partir de la página 218, compartí la historia de Gladys. Su esposo le fue infiel, en su propia cama, con su "mejor amiga" (¡claro que con "mejores amigos" así no hacen falta enemigos!).

Después del evento traumático, Gladys escuchaba, siempre que podía, canciones de "despecho", comenzó a fumar empedernidamente, el tequila se hizo su compañero habitual. *Paquita la del barrio*, le prestaba cada noche su "colorido lenguaje".

Leía libros sobre infidelidad. Veía películas y telenovelas cuyas temáticas principales giraban en torno a la infidelidad. Guardó las sábanas de aquel siniestro día. Cuando ya se estaba olvidando del engaño, sacaba esas sábanas, las olía y lloraba desconsoladamente.

Cada domingo visitaba los lugares especiales en que solía compartir románticamente con su esposo.

En fin, todo lo contrario a lo que aquí proponemos. Gladys no podía sanar. No podía, porque alimentaba la herida, estimulada el recuerdo herido.

No alimentes esos recuerdos que te roban la paz interior y siembran la amargura y aflicción en tu vida.

Enfócate en otras cosas.

Busca distraerte un poco para poder llevar el peso de tu historia.

Deja de escuchar esa canción que te recuerda la traición.

Ya no visites ese lugar que tanto te hace llorar, por la carga amarga de los recuerdos. Rompe esa foto ya borrosa de tantas lágrimas derramadas sobre ella.

Ya no tomes más esa bebida que siempre compartían y que te recuerda a esa persona.

Los recuerdos heridos no son tus aliados, son tus enemigos mortales.

¡No alimentes a los enemigos que te destruyen! ¡Déjalos morir de hambre!

La práctica de la misericordia no es válida para con ellos. Pero, sí para ti, en ellos.

Tienes que acoger tu memoria herida, pero no las heridas de tu memoria. Esas hay que soltarlas, liberarlas, dejarlas morir de hambre.

La finalidad no es perder memoria, sino sanar la memoria de todo lo enfermo.

El olvido terapéutico es un medio, sólo un medio, nunca un fin.

b) Decidir perdonar.

El *rencor* que nos amarga la vida, el *resentimiento* que revive una y otra vez lo peor de nuestras historias, el *odio* que nos envenena el alma, son nuestros enemigos.

Cuando odiamos, decidimos odiar, nos estamos haciendo daño.

Muero por dentro, poco a poco, cuando guardo rencor.

Guardar rencor en la memoria es absurdo. No es inteligente. Es una verdadera estupidez.

Para sanar la memoria debes tomar, en conciencia y en Presencia de Dios, una decisión firme e irrevocable: perdonar en tu corazón a quien te ha herido.

El perdón no es mágico, inmediato y espontáneo.

Perdonar siempre es un "proceso".

No basta decidir perdonar para que el perdón se haga eficaz automáticamente. Decidirlo aún no es hacerlo.

Tomar la decisión de perdonar es simplemente comenzar el *proceso* del perdón. Perdonar siempre será un "proceso".

No se sanan las heridas para con aquellos que nos han lastimado de la noche a la mañana.

Pedir perdón a alguien, o decirle a otra persona "yo te perdono", no realiza tampoco automáticamente, de manera tácita e inmediata, el perdón.

Cuando decido, conscientemente, perdonar a alguien, y cuando le digo a alguien "yo te perdono", no es la realización del perdón con todas sus consecuencias, sino, simplemente, el comienzo del "proceso".

Decidirlo y decirlo es muy importante para comenzar, pero no pienses que ya todo está hecho.

¡Ya tomé la decisión de perdonarte, pero las heridas aún están presentes en mi interioridad! Los daños interiores aún están presentes en mí. Hará falta tiempo para sanar esas heridas mías, en mí, que aún sangran y duelen.

Para perdonar, nos pueden ayudar varias sugerencias y aclaraciones:

Identificar el punto concreto.

Pedir perdón por "todo" es igual a no pedir perdón "por nada". Cuando alguien dice a otra persona "perdóname por todo lo malo", no está pidiendo perdón por nada. ¿Qué es eso "malo"? Hay que ir a lo concreto.

¡Desglósame ese "todo"!

Cuando alguien va al sacramento de la confesión, no dice: "Pido perdón a Dios por todos mis pecados, porque soy un pecador".

Hay quien comienza sus confesiones diciendo: "Perdóneme, Padre, porque he pecado".

De entrada es válido. Pero, luego es necesario ir a lo concreto. Ponerle nombre concreto al pecado concreto.

Si no lo nombras, no lo sanas. Recuerda: ¡"Nombrar para Sanar"!

A veces, cuando alguien pide perdón por "todo lo malo", así en abstracto, en el fondo puede estar, consciente o inconscientemente, justificándose y victimizándose. Pedir perdón por "todo" es un modo elegante, político y diplomático de disculparse. Pero, no es sanador.

Vamos a ilustrar lo que acabo de decir con el caso de Héctor.

Héctor es un hombre muy dañado psicológicamente. Un hombre neurótico, obsesivo, bipolar… Se dedica a vender. Es un gran vendedor. Sería capaz de venderle un sistema de colección a un habitante de la zona más cálida del planeta. Desde su psicología herida, Héctor ha ido desarrollando todo un sistema de estrategias manipulativas. Tiene un impresionante arsenal de recursos para "ganarse" a los demás: victimización, manipulación, soborno, mentiras, presión psicológica, regalos, amenazas, identificación ideológica,…

Héctor está casado con Marisol. Ella también es víctima de todo ese sistema estratégico. Vivir con una persona como Héctor, durante ¡quince años! es muy difícil. ¡Esa mujer es una mártir!

Héctor tiene un dominio total sobre Marisol. Es un hombre sumamente posesivo. Marisol ha hecho varias crisis de diversas índoles. Lo amenaza con dejarlo si la situación no cambia. Pero, la situación ha cambiado para peor, y ella se sigue quedando. ¿Por qué?

Héctor en su sagacidad, cuando ve que la situación con su esposa está muy tensa y podría terminar en ruptura, se aparece con unas rosas y le ¡pide perdón por "todo" lo malo! Así, en general, sin particularizar. Luego, entre lágrimas de cocodrilo, comienza a compartir su historia de víctima: abandono, humillación, injusticias, falta de afecto, falta de amor, sin comprensión... ¡Pobrecito, Héctor!

Marisol se apiada, llora con él, lo abraza y lo perdona ¡por "todo" lo malo! Y así la historia se ha venido repitiendo por ¡quince años!

Cada vez que se repite una escena similar, Héctor avanza en el terreno de la libertad de Marisol.

¡Ella no se da cuenta!

Como Héctor suele pedir perdón por "todo", en realidad no pide perdón por "nada".

Además, no toda petición de perdón es auténtica. A veces, será sólo estrategia para ganar tiempo, espacio u otra cosa.

Lo importante es nombrar aquello por lo que se pide perdón y se decide perdonar. No es una opción: es una necesidad terapéutica.

¿Qué, exactamente, deseas perdonar? ¿Cómo eso te ha herido? Nombra el tema a perdonar. ¿Cuál es el "objeto" concreto del proceso?

Sólo se perdona en lo concreto.

Para concretizar será necesario un proceso de reconocimiento e identificación, de auto-conciencia.

La fórmula podría ser: "Yo decido perdonar a (*poner nombre de la persona*) por (*poner qué es exactamente lo que estoy perdonando, qué herida, qué daño*)".

¡Recuerda: siempre concreto!

Decirlo sólo si es posible y prudente.

El perdón es un proceso esencialmente interno. Tendrá necesariamente repercusiones externas. Pero, esencialmente, es interno.

En ese proceso, no siempre será inteligente, sabio o prudente decirlo a la persona implicada. Hay ocasiones en que no es prudente despertar en la persona en cuestión un "demonio dormido" en el inconsciente.

¡Quizá el otro no sea consciente de que te dañó! Buscando liberarme yo, no puedo hundir al otro.

No me está permitido sanar, hiriendo.

Pongamos un ejemplo.

Una persona va a un retiro espiritual de sanación interior. Allí cae en la cuenta de que tiene una herida muy profunda de rechazo materno. Resulta que la mamá soñaba con que su primer fruto fuera un niño (un varoncito).

Cuando se enteró que iba a ser niña, experimentó un cierto rechazo inconsciente del género sexual de su criaturita. Un rechazo que fue rápidamente superado. Esa madre le ha dado todo el amor posible a esa niña.

La niña creció y ahora, con sesenta años, está aquí, en un retiro espiritual. En un momento de oración profunda, el Señor le iluminó esa herida de rechazo. Era un pendiente en su proceso de sanación. La mamá está ajena a todo eso. Ni siquiera recuerda su rechazo inicial a la identidad sexual de su hija. Fue algo momentáneo.

Ahora la mamá, que adora con locura a su hija, tiene noventa años, está postrada desde hace diez años en una cama, sufriendo lo indecible.

En esa circunstancia, ¿sería prudente que la hija le reproche aquél pasajero rechazo? ¿Sería oportuno que la hija le diga: "Yo te perdono por rechazarme"?

Quizá no.

Lo importante es que la hija lo haga ante Dios. La hija puede decidir expresar a la madre ese perdón de otras maneras: una caricia, un abrazo, un beso, diciéndole que la ama,…

Hay personas muy enfermas mentalmente. Otras están sumergidas en las drogas. En muchos casos coinciden: un enfermo mental que consume drogas.

Imaginemos el caso de una mujer que ha estado casada con un hombre muy violento, mentalmente desequilibrado y que consuma drogas. Es un hombre que la ha herido mucho.

Pero, no será prudente, por el bien de su integridad física, que ella se exponga y vaya hasta él para decirle que lo perdona.

Y, así, podríamos poner muchísimos ejemplos más.

No siempre conviene ni es prudente implicar a los otros en el proceso. Habrá ocasiones en que decirlo será falta de tacto y/o misericordia.

Es "tú" proceso.

Pedir perdón y perdonar implica a otras personas: como víctimas o victimarios; o, ambas cosas a la vez. Pero no puedes olvidar algo fundamental: es "tú" proceso. Eres tú quien está buscando sanar tu memoria.

Los otros pueden estar muy ajenos a ese proceso. El nivel de consciencia de cada uno es diferente.

¡No podemos obligar a los otros a implicarse en nuestros procesos! Menos aun cuando "mi proceso" de sanación pueda terminar siendo hiriente para otros.

Si con la lectura de un libro, la participación en un retiro o en un momento de oración caes en la cuenta de que debes sanar tu memoria, perfecto, excelente. Es el regalo de Dios para ti. Eso no significa que luego regreses a casa imponiendo la sanación interior a todos los demás.

Quien ha hecho consciencia de que su memoria está enferma, eres tú. Quien ha caído en la cuenta de que debes perdonar, eres tú. Es tu proceso. Siempre hay que respetar el proceso y el ritmo de los otros.

Sanar, perdonar, siempre es bueno. Pero, los demás necesitan convencerse, por cuenta propia, de que lo es. Quizá no sea su tiempo. ¡A su tiempo maduran las uvas! Cuando los frutos "maduran" fuera de tiempo, forzados por procesos externos, se pueden podrir, echar a perder. Cada quien tiene el derecho a vivir sus propios procesos.

No esperar a sentir el deseo.

No puedes esperar a "sentir" el deseo de perdonar para hacerlo. Perdonar es un acto de misericordia para conmigo mismo y para con los demás.

No puedo dejar que el "sentir" dicte los ritmos a la misericordia.

Decide perdonar, con deseo o sin deseo.

Cuando menos deseas perdonar es cuando más lo necesitas.

Alguien te ha herido, te ha humillado, te ha destrozado la vida, por lo tanto, no sentirás bonito para con esa persona. Es normal que "sientas" feo. Pero, para hacerte un bien a ti mismo, decides perdonar, aunque sientas todo lo contrario.

Deseas que esa persona se muera, que le pasen cosas malas, que se hunda, que la traicionen, que le vaya mal en la vida; y aun así, deseando y sintiendo todo eso, decides, conscientemente, con tu cabeza, inteligentemente, perdonar a esa persona.

La vida no puede estar regida sólo por el deseo. La madre que tiene que levantarse de madrugada a atender al niño recién nacido porque llora desconsoladamente, no tiene deseos de hacerlo. Lo hace por amor y necesidad. Tiene deseos de dormir. Pero, en atención al amor materno, cede en su deseo. Por eso, el perdón, en última instancia es cuestión de amor. Y no tanto, en primer lugar, amor al otro, sino amor a ti mismo.

Si te amas a ti mismo, perdonarás. Porque lo contrario no es sano para ti.

El perdón es gratuito.

Cuando perdono me estoy haciendo un bien a mí. No tengo que exigir nada al otro para perdonarlo. No perdono porque el otro lo merezca, sino porque yo lo necesito.

Ni siquiera el arrepentimiento del otro puede ser el precio a mi proceso interno de perdón.

Hace poco una señora me decía: "Yo no lo perdono, porque él no se ha arrepentido". Eso es absurdo. Es como si dijera: "Si quien me disparó no se arrepiente de haberme metido una bala en el costado, no voy al hospital a curarme de esa profunda herida". ¡Es absurdo!

Lo que sucede es que confundimos "perdón" con "reconciliación". Son cosas distintas. Ya lo veremos más adelante.

No pongas exigencias o condiciones a tu perdón: hazlo porque necesitas sanar y punto.

Un señor me comentaba: "Hasta que mi esposa no se arrepienta de haberme traicionado con otro y me prometa que no lo vuelve a hacer, no la perdono".

¡También es un absurdo! Eso funciona, tal vez, con niños pequeños que en su ingenuidad, y para librarse de la golpiza, dicen: "No lo vuelvo a hacer".

Los adultos ya sabemos que no somos dueños del futuro. Si hemos caído antes, nadie puede garantizar, por sus propias fuerzas y méritos, no volver a caer después. Sólo Dios puede garantizar eso.

Parafraseando a san Agustín, podríamos decir: "Perdóname cuando menos lo merezco porque es cuando más lo necesito".

Aunque en realidad, el herido soy yo.

El enfermo soy yo.

Yo soy quien necesita sanar.

Comenzar por la oración.

En el perdón se da un proceso, según el cual, uno pasa de desearle la muerte y lo peor al otro; a, poco a poco, ir cediendo en ese sentir hasta terminar deseándole, de corazón, lo mejor de la vida.

¡Ese proceso es lento!

¡Puede tardar muchos años!

¡Quizá toda la vida!

¿Por dónde comienzo? Por la oración.

Con deseos o sin deseos, sintiendo en tu corazón todo lo contrario, superando cierta resistencia interna, te vas a obligar a, todos los días, pedir a Dios cosas buenas para esa persona que te ha lastimado. Así irás sanando, poco a poco. Y lo que originalmente era forzado, comenzará a ser espontáneo y hasta dulce.

Atención a las palabras que utilizo:

Con deseos o sin deseos.
Aunque sientas todo lo contrario.
Superando la resistencia interna.
Obligándote.
Todos los días.

> *Distinguir entre "perdón" y "reconciliación".*

Perdonar es una cosa y re-conciliar otra distinta.

"Perdonar" significa: no guardar rencor ni resentimiento; no odiar; sanar las heridas que el otro me ha provocado; orar por el bien del otro; no desearle un mal.

"Re-conciliar" significa: volver a conciliar, volver a reunir, restablecer el vínculo, volver a la situación anterior.

Yo puedo perdonar a alguien y no re-conciliarme con esa persona. Quizá la persona ni llegue a saber nunca que yo ya la perdoné.

No le guardo rencor ni resentimiento a la persona perdonada; no la odio, no le deseo un mal, oro por ella; si puedo, la ayudo de otra manera; pero, por el bien de ambos (al menos por mi bienestar) no podemos re-conciliarnos; es decir, no podemos volver a como estábamos antes, no se puede restablecer el vínculo.

La razón es muy simple: no nos hacemos bien. Nos destruimos juntos. O, al menos, tú me destruyes. Oro por ti, te deseo lo mejor, no te guardo rencor, pero, estamos mejor lejos el uno del otro.

Tú puedes perdonar a alguien y no reconciliarte con esa persona.

Dios siempre quiere el perdón, pero hay ocasiones en que no quiere una re-conciliación. La voluntad de Dios siempre pasa por el perdón, pero no siempre por la re-conciliación.

"No siempre" significa que, a veces sí.

Conozco parejas que después de una experiencia traumática, en la que ambos tuvieron culpa, pudieron perdonarse mutuamente y re-conciliarse. Pero, re-reconciliarse, no para volver a estar como antes, sino, mucho mejor que antes.

La situación anterior les llevó a la herida, al borde de la separación y del abismo; por lo tanto, "re-conciliar" para ellos no puede suponer, bajo ninguna condición, "volver" a la situación anterior.

"Re-conciliar" también puede implicar "volver" a estar juntos, como amigos, esposos, familia; pero, ya no como antes, sino mejor que antes.

El perdón es un proceso mío, personal, interior, aunque haya muchas personas implicadas. Por ejemplo, un país completo puede comenzar un proceso de perdón colectivo. Pero, cada uno debe vivir su proceso interno de sanación.

La re-conciliación es un proceso en común. No basta que sólo yo quiera; tampoco que sólo el otro lo desee. Todas las partes implicadas deben colaborar "activamente", cediendo, aportando, participando,…

¡Perdona siempre, pero re-concíliate sólo cuando sea sano para ti!

2. *Memoria Dei.*

Recordemos el principio terapéutico básico para Juan de la Cruz: *lo que te hiere, te cura.*

Si la memoria está herida, necesitamos otra memoria para curarla. Si lo que está enfermo es el recuerdo, necesitamos un recuerdo sano para curarlo.

Por eso, la segunda recomendación de Juan de la Cruz será: "*Memoria del Criador*".

El recuerdo de Dios sana los recuerdos enfermos de la memoria. Juan invita a que sólo prestes oído a Dios.[78]

En la segunda carta a Timoteo, Pablo, le invitará a actualizar esa *memoria Dei*: "*Haz*

---

[78] Cfr. 3S 3, 4-5.

memoria de Jesucristo, resucitado de entre los muertos".[79]

También tú te has encontrado con Jesús en algún momento de tu historia. Haz memoria de Jesucristo. Recuerda todo lo que el Señor te ha dado y ha hecho por ti, en ti, para ti.

No olvides nunca tu "primer amor espiritual".[80]

Para sanar la memoria, es necesario re-leer la propia historia con lentes de fe. Invoca al Espíritu y rastrea las huellas de Dios en tu vida. Tu historia está herida, está marcada por el pecado. Es verdad. Pero, también, y sobre todo, tu historia está jalonada por la gracia, por un amor más grande y profundo.

Tu historia lastimada y herida es una historia de salvación.

¡Historia de sanación!

¡No lo olvides!

¡Recuérdalo siempre!

Ni el pecado ni las heridas espantan a tu Dios.

Por eso decía Teresa: "*Dios no se muda*".

Tú recuerdas que te han herido, pero, por favor, también recuerda que te han amado. No olvides que no estás solo. Tu Señor siempre ha estado contigo.

¡Eres profundamente amado!

---

[79] 2 Tim 2, 8.
[80] Cfr. Ap 2, 4.

La sanación de la memoria pasa por la "amnesia terapéutica" (olvido terapéutico), pero también por la "anamnesis terapéutica" (recuerdo terapéutico).

Olvido terapéutico y recuerdo terapéutico, serán dos etapas de un mismo proceso de sanación de la memoria.

A propósito del recuerdo terapéutico, dice Dubois:

"La sanación de la memoria pasa por la anamnesis de la memoria y su ofrenda. La anamnesis consiste en hacer memoria del pasado, pero no mediante una vuelta atrás estéril y banal, sino para ofrecer este pasado y eucaristizarlo, uniéndolo al misterio de la cruz del Señor, misterio de dolor y de muerte, pero a la vez misterio de vida y esperanza".[81]

¡Ofréndale al Señor tu pasado!

Así como el Señor transforma un trozo de pan y un poco de vino en lo más hermoso, sano y sanador, Jesús mismo; también transformará el desierto de tu pasado en el oasis de sus complacencias.

Allí, en tus recuerdos heridos, Dios hará algo hermoso. Pondrá amor en el reino interior de tu odio, rencor y re-sentimiento.

---

[81] B. Dubois: *La sanación interior*, Monte Carmelo, Burgos, 1998, pp. 127-128.

¿Qué tenemos que no hayamos, de alguna manera, recibido de Dios? Nuestros pecados, heridas interiores, trastornos, traumas... Pues, eso, precisamente eso, ofréndalo a Dios.

¡Y Él lo transformará!

Busca modos y medios prácticos para hacer memoria de Dios, de su Presencia e inmenso amor para contigo.

Las sugerencias hechas en ese sentido, a propósito de la sanación del entendimiento, también son válidas en este contexto.

Como recomendación especial, te invito a que escribas tu historia. Pero, hazlo con los lentes de la fe. Para ello, invoca al Espíritu Santo. Deja que te ilumine y sople sobre tu historia. Te sorprenderás dónde y cómo estaba Dios presente en tu historia. Rastrea las huellas del *Amado* en esas páginas complejas de tu historia. Él siempre ha estado presente. Descúbrelo, búscalo... déjate encontrar.

3. Atención a la interioridad.

Juan nos invita a mirar dentro: "*Atención a lo interior*".

Mírate dentro. Céntrate dentro. Busca dentro la herida y la cura. Deja de centrar tu atención en quien te ha herido. Céntrala en ti.

El problema no está fuera, está dentro. Fuera está quien provocó la herida, pero la herida está dentro. Si deseas sanación interior, debes prestar atención a tu interioridad.

El cirujano no puede extirpar tu tumor poniéndote ungüentos externos. Hay que abrir, tocar por dentro.

En los evangelios *sinópticos* (Mateo, Marcos y Lucas),[82] la interioridad humana es designada con la palabra griega *kardía* (corazón).[83] El cuarto evangelista, Juan, se refiere a la interioridad como la "morada interior".[84] En las cartas de Pablo encontramos una impresionante riqueza lingüística para hacer referencia a la interioridad humana: corazón, morada, hombre interior, morada del Espíritu...[85]

En su obra cumbre, *Moradas del Castillo Interior*, santa Teresa utiliza una imagen hermosísima y elocuente para referirse a la interioridad humana: *"Considerar nuestra alma como un castillo todo de un diamante o muy claro cristal adonde hay muchos aposentos"*.[86]

¡A pesar de las heridas, tu interioridad es hermosa!

---

[82] Llamados así porque pueden ser leídos en paralelo, con un "golpe de vista". Mateo, Marcos y Lucas pueden organizarse de tal manera que sean "vistos juntos", es decir, de manera sinóptica.
[83] Cfr. Mt 6, 52; 13, 19; Mc 10, 5; 16, 14; Lc 2, 19; 2, 35.
[84] Cfr. Cfr. Jn 14, 24.
[85] Cfr. 1Cor 3, 16; 2Cor 1, 22; Col 3, 2; Gal 2, 20-21; Rom 8, 15; Ef 5, 19.
[86] 1M 1, 1.

La persona humana no está hueca por dentro, tiene una inmensa complejidad interior. Pero, sobre todo, está habitada por dentro. En su más profundo centro habita Dios.

En palabras de Teresa: "*Y en el centro y mitad de todas éstas* (de todas las moradas) *tiene la más principal, que es adonde pasan las cosas de mucho secreto entre Dios y el alma*".[87]

Juan de la Cruz será más categórico aún: "*El centro del alma es Dios*".[88]

En palabras de Agustín de Hipona, Dios está, Dios es: "*Intimior intimo meo*" (más dentro que lo más dentro de mí mismo).

En ese "centro y mitad" se realiza la sanación interior más profunda. Por eso será necesario "ir dentro", prestar "atención al interior".

San Agustín experimentó en carne propia la necesidad de centrarse, recogerse dentro, para encontrar la respuesta a sus anhelos más profundos. Desde su experiencia palpará la necesidad de un retorno al corazón, a la interioridad.

Agustín te invita: "*Redeamus ad cor*" (regresemos al corazón).

¿Cómo regresar al corazón? ¿Cómo entrar dentro?

---

[87] 1M 1, 3.
[88] L 1, 12.

Teresa de Jesús nos da la clave para entrar: "*La puerta para entrar en este castillo es la oración*".[89]

Se trata de la oración que ya hemos descrito en nuestro anterior libro, "Sanar lo Nombrado", la oración de recogimiento interior.

El "recogimiento interior" es la llave de la interioridad humana.

¿No será esto muy pretencioso?

Edith Stein, en su condición de filósofa y psicóloga se lo planteó, y tras alguna duda metódica y reflexiva, terminó dándole la razón a Teresa.

El psicólogo puede asomarse a la interioridad, pero no puede entrar y vivir en ella.

¡Sólo el místico, el orante, puede hacerlo!

La "atención al interior" no se trata de un "interiorismo" o "intimismo" que nos encierran en el cerco de la propia auto-referencialidad narcisista.

Toda auténtica interioridad nos lanza al servicio de esos *Castillos interiores* que son los otros. Por eso santa Teresa termina el libro de las *Moradas del Castillo Interior* invitando a desgastarse por los demás.[90]

El proceso de interiorización, cuando es auténtico, no se cierra a los otros; por el contrario, los implica e integra.

---

[89] 1M 1, 7.
[90] Cfr. 7M 4, 6.

Encontramos al médico allí donde está. Pues, resulta que nuestro cirujano de profundidades está dentro.

¡Dentro de ti!

Allí hay que buscarle, prestando atención a la interioridad.

4. Saber "estar" amando.

"Estarse amando al amado", dirá Juan.

Para "estar amando" necesitaremos "estar dejándonos amar". Somos "primereados" por Dios. Él nos amó primero.[91]

El *"estarse amando"* nos refiere a una "atención amorosa". "Atención" que es sanadora. En palabras de Juan Antonio Marcos:

"La atención amorosa es el camino o medio para centrar la propia vida, para reconstruir esas pequeñas ruinas que llevamos por dentro, para mantener limpio y sano el propio espacio interior".[92]

Si esta "atención a Dios" nos ocupa, si estamos ocupados prestando atención a Dios, los recuerdos heridos no tienen cabida en nosotros.[93]

---

[91] Cfr. 1Jn 4, 19.

[92] J.A. Marcos: La *"atención amorosa"* en clave de *"presencia"*: *Juan de la Cruz*, en: Revista de Espiritualidad número 255 (abril-junio 2005), p. 254.

[93] Cfr. 2S 14, 6 y 2S 14, 10-11.

Los beneficios psicoterapéuticos del *"estarse amando al Amado"* son muchos. Esta realidad toca a toda la persona en su interioridad.[94]

Por supuesto que la sanación última de la memoria será tarea de la *noche*. En sintonía con Johnston, Juan Antonio Marcos lo dirá en los siguientes términos:

"Ante ciertos recuerdos, apegos o adicciones inconscientes, ningún esfuerzo humano es suficiente. Psicológicamente es entonces necesaria la purificación pasiva que sobreviene a través de la noche oscura del alma".[95]

5. *Esperanza.*

Para Juan de la Cruz, la memoria no sólo tiene la función de "recordar", sino también de "revivir" y "anticipar". Por eso la memoria también está referida al futuro, como "anticipación".

Cuando una persona ha caído en desesperanza, es porque está profundamente herida en su memoria. Por eso, Dios sanará profundamente la memoria por medio de la virtud teologal de la esperanza.

---

[94] Cfr. 2S 14, 11; 3S 2, 5; L 2, 10.

[95] J.A. Marcos: *La "atención amorosa" en clave de "presencia": Juan de la Cruz*, artículo citado, cita a pie de página número 31. El autor invita a confrontar a: W. Johnston: *Mística para una nueva era. De la teología dogmática a la conversión del corazón*, DDB, Bilbao, 2003, p. 162.

En palabras de Juan de la Cruz: *"La esperanza (...) aparta la memoria de lo que se puede poseer, y pónela en lo que espera"*.[96]

La esperanza lleva la memoria del "angustiante desespero" a la "serena espera". Si vives "desesperado", permanentemente ansioso, hay que revisar un poco la memoria. Liberando la memoria de los "recuerdos podridos" la dejamos en condiciones de poder esperar. Si se espera es que aún no se posee. Al no poseer ataduras somos libres, avanzamos ligeros al futuro.

Normalmente entendemos las posesiones como fortalezas y poder. Interiormente sucede lo contrario: mientras más poseo, más débil soy en mis motivaciones. La posesión apaga la energía interior. Si ya lo tenemos todo, ¿qué nos cabe esperar? ¿Por qué luchar? ¿Para qué luchar?

Eso explica la existencia depresiva de tantas personas materialmente ricas. El índice de suicidio es mayor en los países con más elevados niveles socio-económicos.

La esperanza nos hace desear y esperar, en la medida en que nos vacía y sana la memoria. La esperanza provoca en la memoria *"como un olvido grande"*.[97] La persona adquiere un divino señorío y serenidad anímica.

---

[96] 2N 21, 11.
[97] 2S 14, 6.

CAPÍTULO 6
"NOCHE DE LA VOLUNTAD"
SANACIÓN DE LOS DESEOS

CAPÍTULO 6
"Noche de la voluntad"
Sanación de los deseos.

Para Juan de la Cruz, las heridas de la voluntad son los "deseos enfermos". Los deseos enfermos son "barriles sin fondo" que nos sangran la vida y roban toda vitalidad interior.

Los "deseos enfermos" están asociados a lo que hoy llamamos adicciones, fijaciones y co-dependencias.

¿Cómo sanar los deseos enfermos?

Los deseos enfermos no se "eliminan", sino que se "iluminan".

No se trata de matarlos o extirparlos, sino de integrarlos, re-educarlos, sanarlos. Juan de la Cruz "no" invitará a prescindir del "objeto" deseado, a no ser que sea objetivamente indebido o perjudicial.

Por ejemplo, el consumo adictivo de la droga, por mero "placer", se superará dejando las drogas, no bastará un simple cambio de actitud.

Juan propone sanar nuestra actitud ante las cosas, para lograr la libertad interior.
Sus palabras son claras:

"Porque no tratamos aquí del carecer de las cosas, porque eso no desnuda al alma si tiene apetito de ellas (deseo de ellas)*, sino de la desnudez*

del gusto y apetito de ellas, que es lo que deja al alma libre y vacía de ellas, aunque las tenga".[98]

El problema no son las personas o cosas, sino mi actitud ante ellas. Ser libres, ante todo cuanto existe, será la meta.

¡No vivir esclavos del deseo!

Juan de la Cruz apuesta por la integración y re-educación de todos los deseos: poder, tener, saber, sexualidad, reconocimiento, atención...

Juan ofrece un remedio radical, exigente y práctico para integrar el deseo, liberar la voluntad y ser interiormente libres. Cito:

> *"Procure inclinarse siempre:*
> *no a lo más fácil, sino a lo más dificultoso;*
> *no a lo más sabroso, sino a lo más desabrido;*
> *no a lo más gustoso, sino a lo que da menos gusto;*
> *no a lo que es descanso, sino a lo trabajoso;*
> *(...);*
> *no a lo más, sino a lo menos...".*[99]

¿Cómo entender esto?

Advierto que lo anteriormente citado constituye uno de los textos peor entendidos de Juan de la Cruz. Tratemos de entenderlo correcta y prácticamente.

---

[98] 1S 3, 4.
[99] 1S 13, 6.

La mejor y más práctica interpretación de 1S 13, 6 la he encontrado en una nota que los editores de las Obras Completas de Juan de la Cruz, nos regalan.

Cito:

"Por amor y para ganar la libertad y poder seguir la voluntad de Dios en cualquier forma que se te presente, haz este ejercicio: prefiere tú mismo y por propia iniciativa, escoger lo menos gustoso y dejar a los demás lo más gustoso y fácil. Hazlo de vez en cuando, sin que te obliguen las circunstancias y sin que nadie te lo vea y agradezca. Ganarás libertad y fortaleza, y estarás siempre dispuesto a hacer el bien, independientemente de las dificultades externas o repugnancias internas".[100]

¿Ahora se comprende mejor?

En la vida cotidiana tenemos mil y una ocasiones de practicar este ejercicio para sanar la voluntad, haciendo, por amor, lo que no me gusta hacer y prefiero dejar a otros: lavar los platos, limpiar la casa, lavar la ropa, sacar la basura, llevar el vehículo a mantenimiento…

¡Este ejercicio haría un enorme bien a muchas familias y parejas!

Así, poco a poco, iremos fortaleciendo la voluntad.

---

[100] Nota a pie de página número 5.

Cada uno sabrá cómo adaptarlo y practicarlo en sus circunstancias cotidianas.

Para Juan de la Cruz, metafóricamente, los deseos enfermos son "animales salvajes e insaciables", "bestias interiores", "lazos", "enemigos" que atormentan, oscurecen, ensucian y debilitan a la persona.[101] Necesitamos la *noche* para ponerlos en su lugar:

> *"Allí donde los apetitos o deseos son 'enemigos', la noche será una guerra; allí donde son 'animales insaciables', la noche será un tiempo de dieta; allí donde son 'lazos', la noche será un proceso de liberación; allí donde son 'enfermedad', la noche será un tiempo de cura".*[102]

¡La *noche*, siempre la bendita *noche*!

Para Juan *"la llaga del cauterio de amor no se puede curar con otra medicina, sino que el mismo cauterio que la hace la cura, y el mismo que la cura, curándola la hace"*.[103]

Se trata de plantearnos la sanación del deseo en el ámbito del deseo. Recordemos una vez más nuestro principio terapéutico: *lo que te hiere te cura*. Si lo que está enfermo es el deseo, necesitamos otro deseo sano para sanarlo.

---

[101] Cfr. 1S 6-10.

[102] J.A. Marcos: *La mística que sana al hombre*, en: *AA.VV.*: *Mística del desarrollo humano*, Santa Teresa, México D.F., 2005, p. 107.

[103] L 2, 7.

Necesitamos el *"Desiderium Dei"* (el deseo de Dios).

Hablar del hombre como "deseo de Dios" constituye una afirmación de su radical orientación hacia Dios. En el *Catecismo de la Iglesia Católica* se lee:

"El deseo de Dios está inscrito en el corazón del hombre, porque el hombre ha sido creado por Dios y para Dios; (...), y sólo en Dios encontrará el hombre la verdad y la dicha que desea buscar".[104]

Según Martín Gelabert, Tomás de Aquino habla de un "deseo natural de ver a Dios", refiriéndose con ello, a la aspiración a la felicidad y a la verdad de todo hombre.[105]

La revelación de Dios responde a esta aspiración humana a la felicidad y a la verdad, constituyéndose en una respuesta divina a las más profundas aspiraciones del hombre.

La revelación llega de "fuera", pero hace aflorar la realidad más profunda del hombre: su propio ser.

La revelación encuentra en el hombre un eco en forma de deseo, apetito, hambre, vacío, sentimiento de carencia, y por ello es aceptada.

---

[104] *Catecismo de la Iglesia Católica*, n. 27.

[105] Cf. M. GELABERT: *La apertura del hombre a Dios (y a su posible manifestación)*, en: C. IZQUIERDO (Ed.): *Teología fundamental. Temas y propuestas para el nuevo milenio*, Desclée de Brower, Bilbao, 1999, p. 87.

El hombre está abierto y receptivo a una posible revelación de Dios y está en disposición estructural de acogerle, ya que esta le brinda lo que más desea y que, a la vez, no se puede dar a sí mismo.[106]

El hombre es un ser consciente de su finitud y carencia radical, lo que le imposibilita acceder, por sí mismo, a su meta última de realización. Es por ello que debe abrirse, confiadamente, a alguien capaz de colmarle en profundidad.

Por eso, en lo profundo de toda persona está inscrito un deseo esencial: el deseo de Dios.

¡Y será ese deseo el que sane todo otro deseo presente en la persona!

La primera estrofa del *Cántico espiritual* nos habla de ese deseo inscrito por Dios, a modo de herida y carencia, en el corazón humano:

"¿A dónde te escondiste,
Amado, y me dejaste con gemido?
Como el ciervo huiste,
habiéndome herido;

---

[106] Karl Rahner, retomando una expresión de Tomás de Aquino y Pedro de Tarantasia, hablará de "potencia obediencial". Dirá Rahner: *"La legitimidad de tal concepto (potencia obediencial) sólo es cognoscible partiendo del hecho revelado de que Dios, por la comunicación de sí mismo puede ser la perfección de la criatura espiritual, que por tanto está abierta para ello y, sin embargo, debe aceptar esa perfección como gracia indebida a ella"*. K. RAHNER; J. ALFARO y otr. (Dirs.): *Sacramentum mundi*, Barcelona, 1974, tm. V, p. 520.

salí tras ti clamando, y eras ido".

Se trata de la "herida de amor", del deseo del *Amado*. En todo deseo humano late ese deseo esencial. Será esa "herida de amor" la que cure todas nuestras heridas afectivas.

El deseo de Dios te sanará de todo deseo enfermo. La herida de amor sólo puede ser curada por el amor.

¡Hay que centrar el deseo en Dios!

Es necesario re-descubir la atracción y obsesión por Jesús. Necesitamos un encuentro vivo con Él.

¡Pídeselo!

Pídele que te enamore, que te seduzca.

Sanaremos la raíz del deseo en la medida en que Jesús sea el deseo y amor fundamental de nuestras vidas.

Dice Juan: *"Niega tus deseos y hallarás lo que desea tu corazón".*[107]

Ya sabemos que "negar" significa "hazte libre diciendo no". Aprendiendo a decir "no" a todo lo que no sea según Jesús, lo encontraremos a Él. Se trata de dejar espacio en nosotros para Él. Abrir espacio interior para el don.

Necesitamos enamorarnos de Jesús, encontrar esa *"otra inflamación mayor de otro amor mejor, que es el de su Esposo, para que, teniendo su gusto*

---

[107] D 15.

y fuerza en éste, tuviese valor y constancia para fácilmente negar todos los otros".[108]

El punto de partida del proceso de sanación de la voluntad, de los deseos enfermos, es positivo: el encuentro con Jesús.

Cuando Juan nos da las pautas para entrar en la "noche oscura activa del sentido" (comenzar todo el proceso espiritual de sanación interior), nos dice:

"Lo primero, traiga un ordinario apetito de imitar a Cristo en todas las cosas, conformándose con su vida, la cual debe considerar para saberla imitar y haberse en todas las cosas como se hubiera él".[109]

Todo el proceso se desencadena por un enamoramiento de Jesús.[110]

Y, para enamorarnos, necesitamos conocer a Jesús, pensar en su vida, leer los evangelios, visitarle en las capillas de adoración, hablarle; escucharle en su Palabra, en su silencio, en mí mismo y en los otros.

Juan estaba perdidamente enamorado de Jesús. Describirá ese enamoramiento, formidable e insuperablemente:

---

[108] 1S 14, 2.
[109] 1S 13, 3.
[110] Cfr. C 3 y 29.

"En todas las cosas buscas al Amado;
en todo cuanto piensas, luego piensas en el
Amado;
en cuanto hablas, luego hablas del Amado;
cuando comes, cuando duermes, cuando
velas,
cuando haces cualquier cosa todo tu cuidado
es en el Amado".[111]

¡Quien ha estado alguna vez enamorado sabe de qué está hablando Juan!

Juan sabe de amor, amantes y enamoramiento. Por eso, cuando el poeta inglés Arthur Symons leyó las poesías de Juan, exclamó: *"¡But this monk can teach lovers!"*. ¡Ciertamente, Juan puede dar lecciones a amantes!

El enamoramiento será purificado por la *noche* para dejar paso al amor.

Será el amor quien realice la sanación última y definitiva tanto de la voluntad como de toda la persona en cada una de sus dimensiones.

Por eso Juan exclamará:

"¡Ay!, ¿quién podrá sanarme?
Acaba de entregarte ya de vero;
no quieras enviarme
de hoy más ya mensajero,
que no saben decirme lo que quiero".[112]

---

[111] 2N 19, 2.

Nada ni nadie puede suplir la Presencia del *Amado*. Jesús es insustituíble. Por eso Juan le dirá:

> *"Descubre tu presencia,*
> *y máteme tu vista y hermosura;*
> *mira que la dolencia*
> *de amor, que no se cura*
> *sino con la presencia y la figura"*.[113]

Es que *"la enfermedad de amor no tiene otra cura sino la 'presencia' del Amado"*.[114]

Sólo se anhela aquello que, de alguna manera, se ha tenido. Por eso Juan dirá:

"El que siente en sí dolencia de amor, esto es falta de amor, es señal que tiene algún amor, porque por lo que tiene echa de ver lo que le falta".[115]

¡También tú has sido herido de amor!

Dios ha creado en ti ese profundo anhelo de amor.

No pierdas el tiempo buscando llenarlo con sucedáneos (sustitutos insuficientes).

Sólo Dios puede colmar en profundidad tu hondo anhelo de amor.

Al final del proceso quedarás iluminado, brillante, hermoso en tu interior, libre, feliz, siempre

---

[112] C, estrofa 6.
[113] C, estrofa 11.
[114] C 11, 11.
[115] C 11, 14.

andarás *"interior y exteriormente como de fiesta"*,[116] amando a Dios en Dios,[117] re-verberando ríos de agua viva, de gracia y amor; respirando por ti y en ti, el Espíritu Santo;[118] bañado en gloria;[119] preparado para la terapia final, por parte del médico divino, que será en el amor: *"A la tarde te examinarán en el amor; aprende a amar como Dios quiere ser amado y deja tu condición"*.[120]

---

[116] L 2, 36.
[117] Cfr. L 3, 82.
[118] Cfr. L 4, 17.
[119] Cfr. L 1, 3.

A MODO DE CONCLUSIÓN

Cuando se ha sido quemado por el fuego sanador de la "noche oscura", se sabe que la *noche* es "inconcluíble".

Porque el amor nunca concluye, nunca termina.

El amor se transforma, se eleva, se ahonda… se plenifica…

Y la *noche* es cuestión de amor.
La *noche* es el abrazo del amor.

En Juan de la Cruz, la poesía fue primero que la prosa.

En este libro, sin dejar de haber poesía, hay mucha prosa; por eso, deseo cerrarlo dejando paso a los benditos y enamorados versos de donde emana la esencia de la experiencia de lo aquí plasmado: los versos de los poemas "Noche Oscura" y "Llama de Amor Viva".

NOCHE OSCURA

En una noche oscura,
con ansias en amores inflamada,
¡oh dichosa ventura!
salí sin ser notada,
estando ya mi casa sosegada.

A oscuras y segura
por la secreta escala disfrazada,
¡oh dichosa ventura!
a oscuras y en celada
estando ya mi casa sosegada.

En la noche dichosa,
en secreto que nadie me veía,
ni yo miraba cosa,
sin otra luz y guía,
sino la que en el corazón ardía.

Aquésta me guiaba
más cierto que la luz del mediodía,
adonde me esperaba
quien yo bien me sabía,
en parte donde nadie parecía.

¡Oh noche, que guiaste!
¡Oh noche amable más que la alborada!
¡Oh noche que juntaste
amado con amada,
amada en el amado transformada!

En mi pecho florido,
que entero para él solo se guardaba,
allí quedó dormido,
y yo le regalaba,
y el ventalle de cedros aire daba.

El aire de la almena,
cuando yo sus cabellos esparcía,
con su mano serena
en mi cuello hería,
y todos mis sentidos suspendía.

Quedéme y olvidéme,
el rostro recliné sobre el amado,
cesó todo, y dejéme,
dejando mi cuidado
entre las azucenas olvidado.

LLAMA DE AMOR VIVA

¡Oh llama de amor viva,
que tiernamente hieres
de mi alma en el más profundo centro!
pues ya no eres esquiva,
acaba ya si quieres;
rompe la tela de este dulce encuentro.

¡Oh cauterio suave!
¡Oh regalada llaga!
¡Oh mano blanda! ¡Oh toque delicado,
que a vida eterna sabe
y toda deuda paga!,
matando muerte en vida la has trocado.

¡Oh lámparas de fuego
en cuyos resplandores
las profundas cavernas del sentido
que estaba oscuro y ciego
con extraños primores
calor y luz dan junto a su querido!

¡Cuán manso y amoroso
recuerdas en mi seno,
donde secretamente solo moras,
y en tu aspirar sabroso,
de bien y gloria lleno,
cuán delicadamente me enamoras!

BIBLIOGRAFÍA

JUAN DE LA CRUZ: *Obras completas*, EDE, Madrid, 1993, 5ª ed.

LEÓN-DUFOUR, Xabier: *Vocabulario de teología bíblica*, T. de A. Ros, Biblioteca Herder, Sagrada Escritura 66, Herder, Barcelona, 1967.

RAHNER, Karl; ALFARO, Juan y otr. (Dirs.): *Sacramentum mundi. Enciclopedia teológica*, Herder, Barcelona, 1976.

ROSSANO, Pietro; RAVASI, Gianfranco y otr. (Dirs.): *Nuevo diccionario de teología bíblica*, T. de E. Requena y A. Ortiz, Paulinas, Madrid, 1988.

TERESA DE JESÚS: *Obras completas*, EDE, Madrid, 2000, 5ª ed.

Monografías y estudios:

ALFARO, Juan: *Cristología y antropología*, Cristiandad, Madrid, 1973.

AMAYA, Jesús; PRADO, Evelyn: *¿Qué hago si mi media naranja es toronja? Guía para comprender, tolerar y amar a nuestra pareja usando el cerebro*, Trillas, México DF, 2003.

BÁEZ, Silvio José: *Cuando todo calla. El silencio en la Biblia*, EDE, Madrid, 2009.

BELTRÁN, Fernando: *La contemplación en la acción. Thomas Merton*, San Pablo, Madrid, 1996.

BIANCHI, Enzo: *Orar la Palabra*, Monte Carmelo, 2000.

BUCAY, Jorge: *El camino de las lágrimas*, Océano, México DF, 2010, 4ª ed.

BUCAY, Jorge; BUCAY, Demián: *El difícil vínculo entre padres e hijos*, Océano, México DF, 2016.

BUSTO SAIZ, José Ramón: *El sufrimiento ¿roca del ateísmo o ámbito de la revelación divina?*, Lección inaugural del curso académico 1998-1999, Comillas, Madrid, 1998.

CASTILLO, José María: *Dios y nuestra felicidad*, Biblioteca Manual Desclée 29, Desclée De Brouwer, Bilbao, 2001.

CENCILLO, Luis: *La comunicación absoluta. Antropología y práctica de la oración*, San Pablo, Madrid, 1994.

CODINA, Víctor: *Creo en el Espíritu Santo. Pneumatología narrativa*, Presencia teológica 78, Sal Terrae, Santander, 1994.

CONGAR, Yves: *El Espíritu Santo*, T. de A. Martínez, Herder, Barcelona, 1983.

DREWERMANN, Eugen: *Lo esencial es invisible. El Principito de Saint-Exupéry: una interpretación psicoanalítica*, Herder, Barcelona, 1994.

DUPUIS, Jacques: *Hacia una teología cristiana del pluralismo religioso*, T. de R.A. Díez Aragón y M.C. Blanco Moreno, Presencia teológica 103, Sal Terrae, Santander, 1997.

DUPUIS, Jacques: *El cristianismo y las religiones. Del desencuentro al diálogo*, T. de M.C. Blanco Moreno y R.A. Díez Aragón, Presencia teológica 121, Sal Terrae, Santander, 2002.

ESPEJA, Jesús: *Jesucristo. La invención del diálogo*, Verbo Divino, Navarra, 2001.

ESPEJA, Jesús: *Jesucristo. Ampliación del horizonte humano*, Trazos 2, San Esteban, Salamanca, 2002.

ESTRADÉ, Miguel: *En torno a la oración*, Narcea, Madrid, 1979, 2ª ed.

FERNÁNDEZ, Víctor Manuel: *40 Formas de Oración Personal*, Dabar, México DF, 1999.

FORTE, Bruno: *Teología de la Historia. Ensayo sobre revelación, protología y escatología*, T. de A. Ortiz García, Verdad e Imagen 133, Sígueme, Salamanca, 1995.

FORTE, Bruno: *Trinidad como historia. Ensayo sobre el Dios cristiano*, T. de A. Ortiz, Verdad e Imagen 101, Sígueme, Salamanca, 1996, 2ª ed.

GARCÍA LÓPEZ, Félix: *El Decálogo*, Cuadernos Bíblicos 81, Verbo Divino, Navarra, 2000, 3ª ed.

GARCÍA, José (Ed.): *Dios, amor que desciende. Escritos espirituales de Karl Rahner*, Pozo de Siquem 235, Sal Terrae, Santander, 2008.

GELABERT BALLESTER, Martín: *Jesucristo, revelación del misterio del hombre. Ensayo de antropología teológica*, San Esteban-EDIBESA, Salamanca-Madrid, 1997.

GONZÁLEZ-CARVAJAL, Luis: *Los signos de los tiempos. El Reino de Dios está entre nosotros*, Presencia teológica 39, Sal Terrae, Santander, 1987.

GRAY, John: *Los hombres son de marte las mujeres son de venus. La guía esencial para comprender al sexo opuesto*, Rayo, New York, 2004.

GREEN, Thomas: *Cuando el pozo se seca. La Oración más allá de los comienzos*, Sal Terrae, Santander, 1999.

GUERRA, Augusto: *La oración tentada*, EDECA, Santo Domingo, 1995.

GUERRA, Augusto: *Oración cristiana. Sociología-Teología-Pedagogía*, EDE, Madrid, 1984.

HERRÁIZ, Maximiliano: *La oración, historia de amistad*, EDE, Madrid, 1981.

KASPER, Walter: *El Dios de Jesucristo*, T. de M. Olasagasti, Verdad e Imagen 89, Sígueme, Salamanca, 1985.

LAFRANCE, Jean: *El rosario. Un camino hacia la oración incesante*, Narcea, Madrid, 1992, 3ª ed.

LATOURELLE, René: *El hombre y sus problemas a la luz de Cristo*, T. de A. Ortiz García, Verdad e Imagen 84, Sígueme, Salamanca, 1984.

LATOURELLE, René: *Teología de la revelación*, T. de J.L. Dominguez Villar, Verdad e Imagen 49, Sígueme, Salamanca, 1999, 10ª ed.

LENK, Martin: *Buscando a Dios. Piezas para una teología filosófica*, Pensamiento y Vida 3, Ediciones MSC, Santo Domingo, 2013.

MARCOS, Juan Antonio: *Un viaje a la libertad. San Juan de la Cruz*, EDE, Madrid, 2016, 3ª ed.

MAROTO, Daniel de Pablo: *Teresa en oración*, EDE, Madrid, 2004.

MARTINI, Carlo María: *¿Qué belleza salvará al mundo?*, Verbo Divino, Navarra, 2000.

MELLONI, Javier: *Vislumbres de lo real. Religiones y revelación*, Herder, Barcelona, 2007.

MUÑOZ, Ronaldo: *Dios de los cristianos*, Cristianismo y Sociedad 4, Paulinas, 1987.

NIETZSCHE, Friedrich: *Así habló Zaratustra*, Clásicos de la literatura, Edimat, Madrid, 2005.

NORWOOD, Robin: *Las mujeres que aman demasiado. Cuando usted siempre desea y siempre espera que él cambie,* Grupo ZETA, Barcelona, 2001, 3ª ed.

ORBE, Antonio: *Introducción a la teología de los siglos II y* III, Verdad e Imagen 105, Sígueme, Salamanca, 1987.

PAGOLA, José Antonio: *La oración de Cristo y la oración de los cristianos*, Centre de Pastoral Litúrgica, Barcelona, 2006.

PANNENBERG, Wolfhart; RENDTORFF, Rolf y otr.: *La Revelación como historia*, Verdad e Imagen 46, Sígueme, Salamanca, 1977.

RAHNER, Karl: *Palabras al silencio*, Verbo Divino, Navarra, 1981.

RATZINGER, Joseph: *Introducción al cristianismo*, T. de J.L. Domínguez Villar, Verdad e Imagen 10, Sígueme, Salamanca, 1996, 8ª ed.

RISO, Walter: *La fidelidad es mucho más que amor. Cómo prevenir y afrontar los problemas de la infidelidad*, Océano, México DF, 2015.

RUIZ DE LA PEÑA, Juan Luis: *Imagen de Dios. Antropología teológica fundamental*, Presencia teológica 49, Sal Terrae, Santander, 1988, 2ª ed.

RUIZ, Federico: *Místico y maestro. San Juan de la Cruz*, EDE, Madrid, 2006, 2ª ed.

SCHILLEBEECKX, Edward: *Los hombres relato de Dios*, T. de M. García-Baró, Verdad e Imagen 130, Sígueme, Salamanca, 1995.

SCHLOSSER, Jacques: *El Dios de Jesús. Estudio exegético*, T. de A. Ortiz, Sígueme, Salamanca, 1995.

ŠPIDLÍK, Tomáš: *Orar con el corazón. Iniciación a la oración*, Monte Carmelo, 2003.

STEGGINK, Otger: *Sin amor... todo es nada*, EDE, Madrid, 1987.

THEISSEN, Gerd y MERZ, Annette: *El Jesús histórico*, T. de M. Olasagasti, Biblioteca de Estudios Bíblicos 100, Sígueme, Salamanca, 2000, 2ª ed.

TERESA DE LISIEUX: *Historia de un alma*, Colección Karmel 26, Monte Carmelo, Burgos, 1995.

TORRES QUEIRUGA, Andrés: *La revelación de Dios en la realización del hombre*, Cristiandad, Madrid, 1986.

TORRES QUEIRUGA, Andrés: *Creo en Dios Padre. El Dios de Jesús como afirmación plena del hombre*, Presencia teológica 34, Sal Terrae, Santander, 1986.

VON BALTHASAR, Hans Urs: *Sólo el amor es digno de fe*, T. de C. Vigil, Verdad e Imagen minor 8, Sígueme, Salamanca, 1999, 5ª ed.

WARREN, Rick: *Una vida con propósito*, Vida, Miami, 2002.

Documentos eclesiales:

VATICANO II: Constitución dogmática *Dei verbum*, sobre la divina Revelación.

VATICANO II: Constitución pastoral *Gaudium et spes*, sobre la Iglesia en el mundo actual.

JUAN PABLO II: Carta encíclica *Fides et ratio*, sobre las relaciones entre la fe y la razón, Amigo del Hogar, Santo Domingo, 1999, 2ª ed.

BENEDICTO XVI: Carta encíclica *Deus caritas est*, sobre el amor cristiano, Paulinas, Madrid, 2006.

FRANCISCO: Exhortación apostólica *Gaudete et exsultate*, sobre la llamada a la santidad en el mundo contemporáneo, 19 de marzo de 2018. Fuente: http://w2.vatican.va/content/francesco/es/apost_ex hortations.index.html.

Catecismo de la Iglesia Católica, promulgado por Juan Pablo II mediante la constitución apostólica *Fidei depositum*, Librería Editrice Vaticana, 1992.